星雲大師 口述

百年佛緣

新春告白 一

中華書局

星云大师 口述

百年佛缘

新春告白 一

中华书局

目録

一　一九六七年新春告白
四　一九六八年新春告白
七　一九六九年新春告白
九　一九七〇年新春告白
一一　一九七一年新春告白
一四　一九七二年新春告白
一六　一九七三年新春告白
一九　一九七四年新春告白
二二　一九七五年新春告白
二五　一九七六年新春告白
二八　一九七七年新春告白
三〇　一九七八年新春告白
三二　一九七九年新春告白
三五　一九八〇年新春告白
三七　一九八一年新春告白
四〇　一九八二年新春告白
四四　一九八三年新春告白
四七　一九八四年新春告白
五〇　一九八五年新春告白
五三　一九八六年新春告白
五六　一九八七年新春告白
五九　一九八八年新春告白
六二　一九八九年新春告白

目錄

一九六七年新春告白 一
一九六八年新春告白 四
一九六九年新春告白 七
一九七〇年新春告白 九
一九七一年新春告白 一一
一九七二年新春告白 一四
一九七三年新春告白 一六
一九七四年新春告白 一九
一九七五年新春告白 二二
一九七六年新春告白 二五
一九七七年新春告白 二八
一九七八年新春告白 三〇
一九七九年新春告白 三二
一九八〇年新春告白 三五
一九八一年新春告白 三七
一九八二年新春告白 四〇
一九八三年新春告白 四四
一九八四年新春告白 四七
一九八五年新春告白 五〇
一九八六年新春告白 五三
一九八七年新春告白 五六
一九八八年新春告白 五九
一九八九年新春告白 六二

一九六七年新春告白

各位護法、朋友們：大家好！

冬去春來，韶光荏苒。每當我佇足壽山寺，經西子灣遙望臺灣海峽的另一端時，都不禁想著，中國歷史的戰火一代一代延燒，燒毀了多少家庭、多少親情？如今這無法投遞的鄉愁，從那頭的港口到這邊的碼頭，像牽引的業力，扣住既期待又怕受傷害的兩岸。

這些年，在臺灣雲水的歲月裏，到處只見基督教的禮拜堂，香火興盛的媽祖宮或土地廟，小巷角落還有陰森的扶乩壇。心中感慨繫之，佛教的地位在哪裏？於是我發願盡形壽，要盡自己的力量，把正信佛教深植在這片土地上。

「大海有平息之日，業海無止静之時」，唯有佛法可以讓這無奈的世界，從痛苦的這邊到快樂的那邊，從危險的此岸到安穩的彼岸，只有佛教可以解決當前的困境，爲每一個人的人生，爲社會、爲國家帶來幸福與和平。

一九四九年徐蚌會戰（淮海戰役）後，國民黨軍隊傷亡慘重，百姓流離失所，在風雨飄摇之際，爲免除危機，智勇法師發起「僧侶救護隊」，經與孫立人將軍聯繫後，決定召募六百人，以便集體訓練。突然，一個變化推翻了原有的計畫，爲了顧全大局，我臨危授命，承擔起代理領隊之責。當時情況危急，我們晚上連夜趕路，到常州天寧寺，摸黑叫醒睡夢中的同學弘慈、印海、浄海、浩霖、以德等諸位法師，一起坐車乘船來到臺灣。

後來「僧侶救護隊」的因緣未能成熟，參加人員各自解散。當時的政治局勢緊張，還謠傳大陸密遣五百名僧侶來臺，從事滲透顛覆的工作。我和慈航法師及同時被捕的二十餘名外省僧衆，身陷囹圄，被關了二十三日。後來，經由孫立人將軍夫人孫張清揚、吴經明居士等人多方奔走，纔將我們解救出來。那時二十三歲的我，突然發覺自己孑然一身，上無片瓦，下無立錐，真是到了日日三餐不繼的窘況。

慶幸自己還能執筆寫文章、編雜誌和教書，從筆耕教學中，纔得暫時免於困頓失所。感念妙果老和尚的收留，讓我落脚於中壢圓光寺，爲了報答寺院之恩，除了上課教書之外，我發心做一切苦役，每天打六百桶井水，清掃落葉、水溝、茅廁，還要拉車到十餘里外的市場，購買八十餘人食用的油鹽柴米。

還被派至苗栗法雲寺看守山林三個月，在深山草寮中，我以草地爲桌，伏地撰寫《無聲息的歌唱》；應東初法師之請，主編《人生》雜誌；一九五二年應宜蘭馬騰、李決和、林松年之邀，至宜蘭雷音寺講經弘法，並成立「宜蘭念佛會」。爲了要鼓勵青年入佛，首創佛教第一個歌詠隊，那時遭來許多反對的聲浪，被佛教衛道人士視爲惡魔而討伐之。

總之，爲了使社會大衆能有更多機會長養慧命，我用心良苦地設下種種方便權巧，希望能爲佛門留下優秀人才。

我一直很重視人才的培養。一九六四年，壽山寺落成，即開設壽山佛學院、普門幼稚園，培植了百餘位佛教青年，更成立「佛教文化服務處」，藉由流通佛教書籍，來續佛慧命。記得最初計畫籌辦佛學院時，遭遇重重困難，也有人好心勸我不要辦教育，因爲教育事業費心費力，縱然有些成果，也無法立竿見影等等。莫説没有人給予真心肯定或讚美，更有人警告我：「你和學生會没飯吃」、「你一無所有之後，信徒不敢和你接近」，雖然如此，我仍義無反顧。爲了學院的日常開銷，一向不作經懺佛事的我，經常到殯儀館替人念經，到太平間替剛往生的人通宵念佛，爲的是能多些教育的費用。

當佛學院開學時，教室只有一間，報名入學的學生雖然很多，卻因教室小，寢室不夠，第一届只録取二十

一九六七年新春告白

各位護法、朋友們：大家好！

今年春來，韶光荏苒。每當我佇足壽山寺，總西子灣遙望臺灣海峽的另一端時，都不禁想著，中國歷史的戰火一代一代延燒，燒毀了多少家庭，多少親情？如今這無法抗遏的浪潮，從那頭的港口到這邊的碼頭，像牽引的業力，扣住既期待又怕受傷害的兩岸。

這些年，在臺灣雲水的歲月裏，到處只見基督教的禮拜堂，香火興盛的媽祖宮或土地廟，小寺角落還有陰森的扶乩壇。心中感慨之，佛教的地位在哪裏？於是我發願盡形壽，要盡自己的力量，把正信佛教深植在這片土地上。

「大海有平息之日，業海無止靜之時」，唯有佛法可以讓這無奈的世界，從痛苦的這邊到快樂的那邊，從危險的此岸到安穩的彼岸。只有佛教可以解決當前的困境，為每一個人的人生、社會、國家帶來幸福與和平。

一九四九年徐蚌會戰（淮海戰役）後，國民黨軍隊傷亡慘重，百姓流離失所，在風雨飄搖之際，為免除危機，智勇法師發起「僧侶救護隊」，經與孫立人將軍聯繫後，決定召募六百人，以便集體訓練。突然，一個變化推翻了原有的計畫，為了顧全大局，我臨危授命，承擔起代理領隊之責。當時情況危急，我們晚上連夜趕路，到常州天寧寺，摸黑叫醒睡夢中的同學弘慈、印海、淨海、浩霖，以德等諸位法師，一起坐車乘船來到臺灣。

後來「僧侶救護隊」的因緣未能成熟，參加人員各自解散。當時的政治局勢緊張，還謠傳大陸密遣五百名僧侶來臺，從事滲透顛覆的工作。我和慈航法師及同時被捕的二十餘名外省僧眾，身陷囹圄，被關了二十三日。後來，經由孫立人將軍夫人孫張清揚、吳經明居士等人多方奔走，才讓我們解救出來。那時二十三歲的我，突然發覺自己孑然一身，上無片瓦，下無立錐，真是到了日日三餐不繼的窘況。

慶幸自己還能執筆寫文章，編雜誌和教書，從筆耕教學中，讓我得暫時免於困頓失所。感念妙果老和尚的收留，讓我落腳於中壢圓光寺，除了上課教書之外，我發心做一切苦役，有天打六百桶井水，清掃落葉，水溝、茅廁，還要拉車到十餘里外的市場，購買八十餘人食用的油鹽柴米。還被派至苗栗法雲寺看守山林三個月。在深山草寮中，我以草地為桌，伏地撰寫《無聲息的歌唱》；應東初法師之請，主編《人生》雜誌。一九五二年應宜蘭居士李決和、林松年之邀，至宜蘭雷音寺講經弘法，並成立「宜蘭念佛會」。為了要鼓勵青年人學佛，首創佛教第一個歌詠隊，那時遭來許多反對的聲浪，被佛教衛道人士視為惡魔而討伐之。

總之，為了使社會大眾能有更多機會長養慧命，我用心良苦地設下種種方便權巧，希望能為佛門留下優秀人才。

我一直很重視人才的培養。一九六四年，壽山寺落成，即開設壽山佛學院、普門幼稚園，培植了百餘位佛教青年，更成立「佛教文化服務處」，藉由流通佛教書籍，來續佛慧命。記得最初計畫籌辦佛學院時，遭遇重重困難，也有人好心勸我不要辦教育，因為教育事業費心費力，縱然有些成果，也無法立竿見影等。莫說沒有人給予真心肯定或讚美，更有人警告我：「你和學生會沒飯吃」、「你一無所有之後，信徒不敢和你接近」，雖然如此，我仍義無反顧。為了學院的日常開銷，一向不作經懺佛事的我，經常到殯儀館替人念經，到太平間替圓往生的人通宵念佛，為的是能多些教育的費用。

當佛學院開學時，報名入學的學生雖然很多，卻因教室小，寢室不夠，第一屆只錄取二十名學生，第二屆學生更多，不得已就把常住納骨堂撥出一半來做教室。

去年，日本孝道教團所組成的祝壽團，在統理岡野正道大僧正的率領下，前來臺灣參加蔣先生八秩華誕的盛典，並參訪臺中、臺南、高雄等中南部名剎。團長大僧正於壽山寺講演時說：「我來臺灣，從臺北一直到臺南，所見到的佛教徒都是年老的人，我心想，難道臺灣沒有青年人信仰佛教嗎？直到現在，來高雄壽山佛學院，看見許多年輕且富有朝氣與熱忱的青年，我纔知道臺灣的佛教，還有這麼多的生力軍！」

聽到大僧正這番話，好似對我打了一支强心劑般，讓我知道對佛教教育一路的堅持，雖然辛苦，卻都是值得的。更欣慰的是替臺灣佛教留住一點小小的面子。

教育代表文化，中國幾千年的歷史文化，深受佛教思想的影響，錢穆博士主張恢復中國固有文化，他常研讀《六祖壇經》，也認爲佛教經典在中國文化上占有極重要的地位。因此，宣揚佛教教義，正是當今社會所急需，而栽培弘法人才更屬迫切了。

佛教本來注重福慧雙修，行解併重，若有福無慧、有行無解，則如瞎子走在懸崖之路，危險至極。而今有許多佛門弟子或行爲詭異，或兼修雜學，或轉入外道，或崇拜鬼神，或始勤終懈，甚至有不知教主是誰？如此怪相，皆因平時不讀三藏經論，也不聽經說法。長此以往，佛教之大患，不在外力壓迫，而在內學空虛，欲救此弊，唯有興辦僧伽教育。譬如點燈，一盞燈能照明暗室，燈燈相照，明明無盡，這纔是釜底抽薪的根本辦法。

「十年樹木，百年樹人」，所希望的是開花結果。壽山寺聳立在佈滿五顏六色霓紅燈的高雄市區，雖是鬧中取靜的世外桃源，然而車水馬龍的喧鬧，行人的譟雜，畢竟不是理想的讀書環境。壽山佛學院開創之初，限於環境的狹窄，只招收女青年，沒有達到兩序大衆平等的教育。

爲了替徒衆與信衆建立未來慧命安身之處，我開始積極物色建寺之地。雖然「林務局」沈家銘先生熱心引

介許多公家土地，我總覺得弘法是家務，利生爲事業，是身爲民衆最基本能爲社會奉獻的機會，不宜藉公地之便而建寺。

爲尋找一處兼具教育文化的現代道場，在衆多信徒熱心協助之下，看中了大貝湖附近一處，面積約兩公頃的土地。爲了買這塊地，慈莊法師、吴慈容、蕭碧霞居士等，還把他們共有的「佛教文化服務處」的房子變賣，得款一百五十萬元來支援購地。就在錢湊齊準備簽約時，依嚴法師無心的一句話：「大貝湖是觀光勝地，我們在那裏建寺，應該沾光不少，遊客一定會順道來參觀、禮佛，蔣先生來時，說不定還會來呢！」

就因爲這番話，情勢來個大轉變，我毅然放棄在此購地建寺的計畫。中國四大菩薩的道場，爲何能吸引中外人士前往朝聖禮拜？我希望這新建的叢林道場，不是沾名勝風光而順道一遊，而是能讓全世界佛教徒專程來訪！

當這大貝湖建寺叫停之際，一對越南華僑夫婦急於還債，將原本爲辦學的高雄縣大樹鄉麻竹園十幾甲山坡地變賣求售。有時會覺得因緣的安排如此的恰巧，冥冥之中，這窮鄉僻壤似乎隱藏著未來佛光理想村的藍圖。俗語說：「救人一命，勝造七級浮屠。」我只是單純的想幫助這對夫婦解決眼前的危機，另一方面也想到偏壞之地，較能杜絕名聞利養，而專注於教育的弘法工作上。

如果能順利在這座麻竹園建設佛教學院，就可以四衆兼收，並由高級佛教學院再分設壽山、蘭陽初級佛學院，沙彌學園。近幾十年來，臺灣佛教興學之風熾盛，把往昔的老年人的佛教改觀了，唯佛教學院大都附屬於寺院，往往受寺院的牽制，阻礙教育的發展，致使教育工作難上軌道。將佛學院獨立出來，是佛教教育的一種改革、一種創舉。我的構想是，本部在山上，另外在其他縣市設分校，由點而綫而面，讓佛教教育普及化，成爲青年學子受教學習的另一種選擇。

希望未來在佛光山點燃教育的聖火，照耀宇宙的各個角落。這一大片竹林，前伴溪流，後臨丘陵，沒有都

名學生，第二屆學生更多，不得已就把常住納骨堂撥出一半來做教室。

去年，日本孝道教團所組成的祝壽團，在統理岡野正道大僧正的率領下，前來臺灣參加蔣先生八秩華誕的盛典，並參訪臺中、臺南、高雄等中南部各地。團長大僧正於壽山寺講演時說：「我來臺灣，從臺北一直到臺南，所見到的佛教徒都是年老的人。我心想：難道臺灣沒有青年人信仰佛教嗎？直到現在，來高雄壽山佛學院，看見許多年輕且富有朝氣與熱忱的青年，我才知道臺灣的佛教，還有這麼多的生力軍！」

聽到大僧正這番話，好似對我打了一支強心劑，讓我知道對佛教教育一路的堅持，雖然辛苦，卻都是值得的。更欣慰的是替臺灣佛教留住一點小小的面子。

教育代表文化，中國幾千年的歷史文化，深受佛教思想的影響，錢穆博士主張恢復中國固有文化，他常研讀《六祖壇經》，也認為佛教經典在中國文化上占有極重要的地位。因此，宣揚佛教教義，正是當今社會所急需，而栽培弘法人才更屬迫切了。

佛教本來注重福慧雙修，行解並重，若有福無慧，有行無解，則如瞎子走在懸崖之路，危險至極。而今有許多佛門弟子或行為詭異，或兼修雜學，或轉入外道，或崇拜鬼神，或始勤終懈，甚至有不知教主是誰？如此怪相，皆因平時不讀三藏經論，也不聽經說法。長此以往，佛教之大患，不在外力壓迫，而在內學空虛，欲救此弊，唯有興辦僧伽教育。譬如點燈，一盞燈能照明暗室，燈燈相照，明明無盡，這纔是釜底抽薪的根本辦法。

「十年樹木，百年樹人」，所希望的是開花結果。壽山寺聳立在佈滿五顏六色霓虹燈的高雄市區，雖是鬧中取靜的世外桃源，然而車水馬龍的喧鬧，行人的嘈雜，畢竟不是理想的讀書環境。壽山佛學院開創之初，限於環境的狹窄，只招收女青年，沒有達到四序大眾平等的教育。

為了替佛門與信眾建立未來慧命安身之處，我開始積極物色建寺之地。雖然「林務局」沈家銘先生熱心引介許多公家土地，我總覺得弘法是家務，利生為事業，是身為民眾最基本能為社會奉獻的機會，不宜藉公地之便而建寺。

為尋找一處兼具教育文化的現代道場，在眾多信徒熱心協助之下，看中了大貝湖附近一處，面積約兩公頃的土地。為了買這塊地，慈莊法師、吳慈容、蕭碧霞居士等，還把他們共有的「佛教文化服務處」的房子變賣，得款一百五十萬元來支援購地。就在錢款齊準備簽約時，依嚴法師無心的一句話：「大貝湖是觀光勝地，我們在那裏建寺，應該沾光不少，遊客一定會順道來參觀、禮佛，蔣先生來時，說不定還會來呢！」

就因為這番話，情勢來個大轉變，我毅然放棄在此購地建寺的計畫。中國四大菩薩的道場，為何能吸引中外人士前往朝聖禮拜？我希望這新建的叢林道場，不是沾名勝風光而順道一遊，而是能讓全世界佛教徒專程來訪！

當這大貝湖建寺叫停之際，一對越南華僑夫婦急於還債，將原本為辦學的高雄縣大樹鄉麻竹園十幾甲山坡地變賣求售。有時會覺得因緣的安排如此的恰巧，冥冥之中，這窮鄉僻壤似乎隱藏著未來佛光理想村的藍圖。

俗話說：「救人一命，勝造七級浮屠。」我只是單純的想幫助這對夫婦解決眼前的危機，另一方面也想到偏壤之地，較能杜絕名聞利養，而專注於教育的弘法工作上。

如果能順利在這座麻竹園建設佛教學院，就可以四眾兼收，並由高級佛教學院再分設壽山、蘭陽初級佛學院、沙彌學園。近幾十年來，臺灣佛教興學之風熾盛，把往昔的老年人的佛教改觀了，唯佛教學院大都附屬於寺院，往往受寺院的牽制，阻礙教育的發展，致使教育工作難上軌道。將佛學院獨立出來，是佛教教育的一種改革，一種創舉。我的構想是，本部在山上，另外在其他縣市設分校，由點而線而面，讓佛教教育普及化，成為青年學子受教學習的另一種選擇。

希望未來在佛光山點燃教育的聖火，照耀宇宙的各個角落。這一大片竹林，前伴溪流，後臨丘陵，沒有都市的繁華，有著寧靜、樸實的風味，可以讓大衆生活在大自然的沐浴裏，亦是讀書修行的佳境。我決定盡速於明年五月舉行破土典禮。

自古以來，中國佛教事業是没有企業理念的，向來的生活是靠田産、經懺、香火等爲主要收入。若有人發心要開辦佛教的工廠或其他佛教的事業，一定會爲社會輿論所不容；佛教不是在深山裏，怎可以這麽世俗化！中國佛教徒的思想除了保守之外，也没有隨喜的性格，是一種不問是非的同歸於盡的心態，自己不做，更不容許他人爲佛教打開另一條有意義的生存之路。

未來的佛光山走向人間是必然的趨勢，佛教一定要走向人間化、生活化、現代化，甚至國際化、科技化。唯有讓佛教深入家庭、社會、人心，纔能與生活結合，成爲人生需要的佛教，如此，佛教纔會有前途；佛教一定要與時代結合，要對國家社會有所貢獻，它纔有存在的價值，否則一定會遭到社會的淘汰。

在自己青少年時代，總有一股爲佛教未來築起夢想，爲中國佛教奮起飛揚的熱情，希望能爲走向山林遁世的佛教，爲保守閉塞、垂垂老矣的佛教，找出一條新的道路。我認爲佛教需要興辦一份報紙、創建一所佛教大學、設立一座電臺、電視臺，擴展佛教弘法的空間，接引知識青年進入佛門，將佛法與文學、哲學、電影、藝術等結合，讓現代人可以輕鬆愉悅地接觸佛教深奥的義理，將佛法運用實踐於人生的各種際遇，這樣纔是真正的「人間佛教」。

未來，遥不可及！這一段路，即使看不到遠處，但不管路途多艱難、多遥遠，只要我一息尚存，仍然會勇往直前。將來的佛光山，在闢建上必定是艱苦的！我要以愚公移山的毅力，披荆斬棘，持精進的犁鋤，戴勇猛的盔甲，撒菩提的種子，來建立空花水月道場。接著，我要把娑婆轉化成清浄的佛光浄土，爲佛陀的文教慧命事業，傳燈萬方。讓我們堅持信心，永不放棄，只要往前一步，再一步，就能苦盡甘來，成就道業；在菩薩道上，更要效法富樓那的無畏精神，以弘法爲本分，肩負如來擺渡羣倫的家業。不論路途多顛簸難行，但這一切終將名垂青史。弘法利生的事業，願大家共同勉勵，一起努力！耑此　敬頌

新春如意

禪悅法喜

星雲　合十

一九六七年元月一日

一九六八年新春告白

各位護法、朋友們：大家好！

在繁忙的歲月中，已忘這一生過了多少個春夏秋冬？觀看滿山一整片的盎然綠意，驚覺嚴冬已去，春滿人間。

自開闢這山頭半年來，雖背負佛光山藍圖遠景的壓力，明知眼前困境重重，我仍奮勇地傾盡全力去完成；當帶領徒衆邁向未知的未來時，我必須承受弘法事業的一切成敗。但我堅信，只要有佛法就有辦法。

自去年動土開工以來，「佛光山」這三個字已在歷史上立下一個里程碑，未來必定能無限地發光發熱。六月，「東方佛教學院」新院舍工程，恭請到東初上人主持破土典禮，數以千計的觀禮者，正象徵佛教學院的光輝願力，將如佛光普照大地，因此我將麻竹園山地命名爲「佛光山」。

國際上有不少佛教大學，但是臺灣迄今連一所由佛教主辦的大學也沒有。基於此，我將學院命名爲「東方佛教學院」；由東方出發，再融合西學，始能適應這個時代大衆身心的需要，並讓世界佛教人士前來參學研究。在進一步提升佛學的層次之後，也計畫擴充成爲佛教大學。

現在想來，因緣真是微妙。佛光山原本購地於高雄大貝湖，當變賣「佛教文化服務處」，四處籌湊一百五十萬元同時，正巧一對越南華僑夫婦急於償債，在他們走投無路之際，我一念悲心，買下他們這塊荒地。也剛好這窮鄉僻壤可以杜絕名聞利養，可以專注地教育人才及弘法利生，所以我斬釘截鐵、力排衆議，毅然決然選擇這偏佈荆棘之地來開建。

這一片近二十甲的土地，沿著高旗公路，前臨高屏溪，是一丘陵地形，交通咸稱便利，風景極爲美麗。尤其佇立山頂，俯瞰四周，盡收眼底的是清馨蒼翠的林木，與潺潺不斷的泉水聲，更有伴著林間清脆的鳥鳴，讓人置身其中，仿如登臨仙境般。真是一處修心辦道的人間淨土！

當初東方佛教學院的基地，是由省立高雄工業專科學校測量隊十位老師及學生，來施行測量、繪製等高綫地勢圖，供工程師設計建築模型之用。因參加世界建築設計比賽，獲得世界工程學第二名，而聞名全球的名建築師劉明國博士也特地南下，勘察佛光山的地形。經由他的專業評估，讓我更堅決與肯定，未來這塊土地上，除了建設佛教學院，也是替徒衆、信衆建立慧命安身之處。

往後，如佛教新村、西方安養院、孤兒院，以及永明放生園、智者放生池等，也將陸續破土開工。東方佛教學院及西方安養院完成以後，我計畫興建一所仿造大陸叢林的規模體制，但又兼具教育、文化等全方位弘法功能的現代化道場。我深信，這裏會是全省第一座十方叢林，第一個有制度的僧團。

工程在經費極端困難的情況中開始進行。爲了寺務、爲了教學，我仍要奔波於壽山、佛光山之間。因此，托付心平法師擔任監院暨工程主任之職，在沒有水電的情況下，他長期駐守山間草寮中，每天翻山越嶺摸黑巡視工地，並負責監督一切工程的進度。

其實在決定籌建佛光山時，也聽到不少反對的聲音：既然有了宜蘭雷音寺、高雄壽山寺，可以聽經禮佛，又何必要千辛萬苦再另外開創道場？爲此，我特地包了一輛大巴士，載著大家到現場，以便實地報告我心中的理想。没想到，一見到刺竹滿山、野草没徑，竟然没有人願意下車，還説如此荒僻之地，「連鬼都不來」。我只得一個人下車，心想：「鬼不來更好，只要有人來、有佛來就好。」又有人説高屏溪從東往西流，留不住錢財的，我説佛法就是要流動。

我獨自信步繞山一匝，思維良久，很篤定地告訴自己：「我，非來此開山不可！」

回想臺灣光復初期，政府偏安，經濟蕭條，一般善信沒有多餘能力供養寺廟，佛教很難再要求其他的發展。整個社會教育不普徧，更何況僧伽教育？佛教爲了求生存，停留在「葬儀的宗教」階段，實在很難將正信佛教的義理廣弘於民間，遑論不少政商達貴與社會大衆以信基督教爲流行時尚，把佛教貶爲市井流俗之類的次等宗教。

「知己知彼，百戰百勝」，當我踏上臺灣這片土地，發現佛教地位十分低落，真是憂心忡忡。我無時無刻不在思維振興佛教之道，更用心觀察在這塊土地生活的人們。我發現要在臺灣振興佛教，讓佛法普徧廣化弘傳，發揮端正社會風氣的作用，徒有寺院廟宇是不夠的；唯有人才，纔是中興佛教的根本，當務之急要紮根佛教教育，培養年輕一代的佛門新血輪，纔有資格高談佛教的千秋大業。於是，我始終致力於佛教僧衆的培養。

曾經，一名長老召集教界人士開會。在會議中，他不集合羣力，研究如何薪傳，也不謀求共識，討論佛法如何弘揚，反而提議：「如何打倒東方佛教學院？」幸好席中有人仗義直言，說道：「基督教辦聖經書院，天主教建立神學院，我們都沒有想要去打倒他們，爲什麽卻要打倒佛教人士創辦的佛教學院呢？」衆人聽了這番正義之聲後，啞口無言，東方佛教學院纔得以幸存。

幾年下來，培育出的佛門龍象都不負所望，能夠弘化各方。去年十月，佛教學院從壽山遷址於佛光山的第一批學生，也是壽山佛學院第二屆學生也正式開課了。

學院院區共有二十八間教室，教室兩旁植有十八棵松柏，是爲紀念十八位「壽山佛學院」第一屆傑出的僧衆。記得當初辦學時，來自各地的學生聚集在壽山寺修行辦道，如今學有所成，將繼續擔任紹隆佛種的任務。我只祈願東方佛教學院未來能造就出更多佛門龍象，讓佛教的法脈後繼有人。

爲培育菩提幼苗，我先在北部的宜蘭開辦了慈愛幼稚園，去年在高雄市又新開設一所設備完善的普門幼稚園和托兒所。由慈惠法師擔任園長，她是「教育廳」幼教師資研習會的高材生；也請有十年以上幼教經驗的吳慈容，擔任園主任。另外，佛光山更成立沙彌學園，由心平、吳慈容負責沙彌的生活與教學。

佛教本身就是慈善事業。《鬱迦羅越問菩薩行經》記載：「病瘦者給予醫藥，無護者爲作護者，無所歸者爲受其歸，無救者爲作救者。」可見佛教之在世間，無非是要讓衆生解脫身心的痛苦、纏縛，獲得幸福安樂的人生。

早在一九五二年，花蓮發生大地震，那時連公共汽車票都買不起的我，就四處爲花蓮震災而勸募，並率先運送食物到災區。去年十月，「解拉」颱風爲宜蘭地區帶來連續三日的豪雨，這是宜蘭地區九十年來最重大的水災。大部分地區都氾濫成災，甚至冬山、五結、羅東、三星、蘇澳等五鄉鎮所有村裏更全被淹没，災民達五萬多人。

佛光山開山雖然辛苦萬分，但是本著「以慈善福利社會」的宗旨，我人雖在高雄，一獲悉災情，馬上以長途電話知會「宜蘭縣佛教支會」、「宜蘭念佛會」、「慈愛幼稚園」信徒，於雷音寺夜以繼日趕製大饅頭。更以最積極的服務精神，搶修堤防，也爲亡者誦經超拔和安撫家屬，給予各種實際的協助。宜蘭是我弘法的起點，對蘭陽地區仍不免懷有一種故鄉情愫。所以對這次的災情，在勸募救濟款、救濟物等救災工作上，我是一馬當先，全力以赴。

去年七月，接辦「私立仁愛救濟院」。這所救濟院是一九六二年建於宜蘭縣礁溪鄉龍潭村，原由基督教人士所創辦，因爲種種緣故，無法繼續經營，創辦人董鴻烈先生乃主動要求交由佛教人士接辦，並出具同意書。所以，現在是由宜蘭縣佛教支會承接和全權負責，新院長由現任宜蘭縣「議會議員」，也是宜蘭縣佛教支會常務理事余簡玉嬋女士接任。

佛光山雖然仍在草創開山中，還是不遺餘力推動各種慈善工作。人的一生脱離不了生老病死，因此，未來慈善事業的規劃，要從育幼、養老、疾病醫療，到往生後的骨灰安厝等，作系列性、全面性的考量。目前先成立「急難救助會」，讓大家有機會誠心奉獻時間、財力。凡此點點滴滴，無不始秉持佛陀的慈心悲願，盡一點佛子的力量，來普潤苦難的衆生。

承蒙佛菩薩的加被，和海内外大德居士的熱心護持，佛光山各項工程得以順利進行。我想大家都知道，這些大規模的建築工程是十分艱巨的，原料的運輸、工人的僱聘，皆非易事。尤其每逢下雨，山路泥濘，施工運材更是困難重重，而最窘迫的還是龐大的經費。有時付了這期工程的款項，卻不知下一餐伙食費在何處？所幸往往在最危急的時候，就會有一位菩薩派來的護法使者，即時解決當下的經濟危機。

每每行到水窮處的大死一番，必有坐看雲起的禪悦法喜。相信任何一種奇跡，都必須用生命中大無畏的光與熱，一點一滴的堅持與認真，纔會有一片燦爛、光彩奪目的人間浄土。祝福大家

新春法喜

平安吉祥

星雲　合十

一九六八年元月一日

佛光山雖然仍在草創開山中，還是不遺餘力推動各種慈善工作。人的一生脫離不了生老病死，因此，未來慈善事業的規劃，要從育幼、養老、疾病醫療，到往生後的骨灰安厝等，作系列性、全面性的考量。目前先成立一急難救助會，讓大家有機會誠心奉獻時間、財力。凡此點點滴滴，無不是秉持佛陀的慈心悲願，盡一點佛子的力量，來普濟苦難的眾生。

承蒙佛菩薩的加被，和寺內外大德居士的熱心護持，佛光山各項工程得以順利進行。我想大家都知道，這些大規模的建築工程是十分艱巨的，原料的運輸、工人的僱聘，皆非易事。尤其每逢下雨，山路泥濘，施工運材更是困難重重，而最窘迫的還是龐大的經費。有時付了這期工程的款項，卻不知下一餐伙食費在何處？所幸往往在最危急的時候，就會有一位菩薩派來的護法使者，即時解決當下的經濟危機。

每每行到水窮處的大死一番，必有坐看雲起的禪悅法喜。相信任何一種奇跡，都必須用生命中大無畏的光與熱，一點一滴的堅持與認真，才會有一片燦爛，光彩奪目的人間淨土。祝福大家

新春法喜

平安吉祥

一九六八年元月一日

星雲　合十

一九六九年新春告白

各位護法、朋友們：新年吉祥，四時如意！

一九六九年已悄然到來。自前年變賣高雄「佛教文化服務處」的房屋，買下高雄縣大樹鄉麻竹園二十餘甲山坡地之後，佛光山的建設藍圖便在荒煙蔓草中逐步展開。同時，壽山佛學院也移至佛光山，更名爲「東方佛教學院」。

東方佛教學院於一九六四年開辦到現在，學生人數增加到七十多位，這些學生也從只是臺灣本土，擴展到來自馬來西亞、新加坡、緬甸等國家。佛教弘揚靠僧才，僧才則有賴佛教教育之培養，因此在僧伽教育上，我始終竭盡全力，用心經營。令人安慰的是，培養出的佛教青年個個都能擔當大任，住持一方。

去年元月，舉行第一屆畢業典禮，有慈嘉、慈怡、心如、依嚴、普暉、紹瑩、悟證、真悟、會欽、性光、心舫、朱玉蘭等二十位畢業生，他們更一同捐贈了五萬元作爲興建教室的基金。此外，慈嘉、慈怡等人的作品《敬告佛子書》、《萬壽日記》、《師訓錦集》也在畢業典禮當天出版，並分贈前來觀禮的家長及來賓。

感於有志學佛的青年，有的學識低，有的經濟不甚寬裕，我在二月底，於壽山寺增設「壽山先修班」，與「蘭陽先修班」同爲東方佛教學院的先修教育機構。縱觀時下佛教教育仍處於起步階段，在僧伽教育、教學計劃、教材等各方面都嫌不足，所以在招生時，得先訂定入學須知，好讓學生對學風有所瞭解，如此纔能成爲健全、完善的佛教學院。

東方佛教學院自前年六月破土以來，在海内外各界人士的護持下，終於在去年圓滿竣工，並於十二月十五日舉行落成典禮。典禮中，前「中國佛教會」理事長道源長老，代表諸山長老致祝賀詞，永宗、月基、煮雲、成一、妙然、開證、菩妙等法師，以及「警察局長」吳維和先生、「教育科長」王清波先生、「救國團」秘書張培耕先生也前來祝賀。

當天，並接受來自海内外二十八名捐獻教室的功德主呈獻鑰匙。首先，由晉安製藥廠董事長吳大海居士，呈獻「大海之水」水塔，「立委」黄玉明居士代表《覺世》旬刊讀者呈獻院門，閻路教授代表檀香山華僑佛教總會會友呈獻「香雲堂」，林月居士代表吳隨紀念會呈獻「一信堂」、臺南紡織公司總經理吳修齊居士呈獻「七賢堂」、南豐鋼鐵公司董事長潘孝鋭居士呈獻「百忍堂」，裕榮企業公司董事長洪宗奇居士、永記造漆公司董事長張添永居士等二十八名，分別爲他們所捐獻的教室及其他設備，獻鎖啓用。

我將新建的教室，分別定名爲「一信堂」、「二合堂」、「三慧堂」、「四恩堂」、「五福堂」、「六和堂」、「七賢堂」、「八聖堂」、「九品堂」、「十願堂」、「百會堂」、「千華堂」、「海會堂」、「智光堂」、「慧明堂」、「寶藏堂」、「懷恩堂」、「觀照堂」等，這些名稱都有著佛法的意涵。

承蒙諸山長老及護法檀那，或賜厚儀，或親道賀，大家一起爲僧伽教育盡心盡力；至今思及，心中仍舊滿懷感恩與敬意。祈求三寶護佑大家都能無憂無惱，身心自在！

另外，萬佛大悲殿在十二月中旬已開工興建了。我們計劃建造殿高六十尺，建坪二百三十坪的宮殿式殿堂，作爲學生朝暮課誦的地方。建成後不但是佛光山第一座殿堂，也會是臺灣佛教界首座採用中國宮殿式的建築。

去年七月，我率領東方佛教學院師生三十二人，進行爲期二十五天的環島佈教活動。我們一行人坐著兩部專車，帶著數千張五彩海報、《偉大的佛陀》宣傳册三萬本，以及道具、照片等，至臺東、花蓮、宜蘭、基隆、臺北、新竹、臺中、彰化、嘉義、臺南、屏東等地，做三十場的弘法佈教。舉凡鄰里、鄉鎮、小巷、廟口，每

到一處，大家無不親自張貼海報、佈置會場，走入人羣宣傳。

內容上，除了由我開示佛法外，還有同學們製作的佛教聖歌、傀儡戲、雙簧、活動照片展覽等佛教節目，用符合現代人心需求的方式，將佛法推入人間，達到寓教於樂的效果。多承各地佛教支會理事長、寺院住持、護法信徒，及當地民衆的大力支持，此項活動得以圓滿成功。

其實，早在宜蘭弘法時，我便曾展開一系列的環島佈教活動，也培養出不少佈教師。一九五五年，我爲「中華佛教文化館」影印大藏經宣傳，環島佈教四十餘日。當時帶領著宜蘭青年歌詠隊教唱佛曲，並輔以幻燈片介紹，達到很好的宣傳效果。而今想來，儘管每一次的弘法佈教活動困難重重，但看到各地因爲這些佈教活動掀起學佛熱潮，就足以滌盡一切辛勞，讓人欣慰無比了！未來，也期望佛教七衆弟子團結起來，皆爲衆生之導航，皆做佛法的弘揚者。

三月間，宜蘭縣佛教支會響應蔣夫人發起的救助越南友邦，而發動捐款活動，將募得的現金及衣物送交「婦聯分會」。另外，菲律賓吕宋島發生八級强烈大地震，佛光山更將賑災募得的兩萬元，贊助災民重建家園。

一九六八年，佛教界也有一些喜訊：宜蘭縣頭城鎮古刹靈山寺慶祝重建落成暨佛像開光，並邀我爲其主持法會七永日。靈山寺是妙圓尼師於民國初年創建，近年新修，去年四月方纔完成。十二月，彰化縣大城鄉「鶴林佛社」，在聖德法師發心帶領下正式成立，我也題了「佛日增輝」匾額，表示祝賀。

目前，佛光山仍處於初創時期，還有很多需要建設、發展、推動的。未來我們將以教育、文化、慈善等佛教事業爲主要任務，並設立佛光山宗務委員會，由宗長領導一院三大寺，即東方佛教學院、佛光山寺、壽山寺、雷音寺。往後，在佛光山宗務委員會的推動下，無論在服務社會、作育人才、弘揚佛教上，都祈願能作紅塵中一叢參天拂雲的大樹，庇蔭人間有情，散播佛法馨香。

一年迎過一年，隨著時序更迭流轉，萬物因之丰采，生命因之圓融。生存在其中，我們是否能學習這份不輕易低頭的宇宙自然大氣，長養自身慧命，廣度一切苦厄？時值新年，於此一番提起，希望大家都能振作圖强，圓滿悲智。祝福大家

法喜無量

星雲　合十

一九六九年元旦

一九七〇年新春告白

各位護法、朋友們：大家好！

「一年春盡一年春，野草山花幾度新」。大自然在四季的變化中，展現不同的容顏，日月星辰的轉換流轉，一切都這麼自然而精彩。

正值開山，我常常爲了學院院務的運作、工程款項的籌募，往來奔忙，不覺時日挪移。此刻，淩晨從窗口乍見黎明初起，不禁有一種感動：唯有佛法讓我相信，只要有光就一定燦爛，就會有希望。時值新春，願以這份感動和大家分享。

東方佛教學院院舍在各界支援贊助下，終於在一九六八年年底落成，教内外一致讚美，它必定是佛教復興的希望。繼東方佛教學院後，去年開始著手新工程「萬佛大悲殿」的建設。之所以命名爲「萬佛殿」，是因爲殿内供奉有萬尊佛像。

佛教藝術中，雲岡、龍門偏山的石佛，其藝術價值震撼全世界。我們籌建萬佛殿的目標，就是要效法先賢，也在臺灣建設一座不朽的佛教藝術之殿堂。萬佛殿採宮殿式的設計，四周供奉萬尊觀音菩薩聖像。一座殿堂，裏面供奉了那麼多佛像，莊嚴偉大的情景，我們可想而知，即使是沒有信仰的人，在萬尊佛像前也必定會肅然起敬的。

依照佛光山的建設計劃，未來在山外將有一座文理學院的教育大樓。而全山中峰的大雄寶殿，當然是主要部分。不過，萬佛大悲殿的興建，不能不說是佛光山上的一件大事。感謝大家的關心與護持，將來佛光山勢必是中興佛教的聖地，然而沒有諸位的盡心盡力，也無法成就這殊勝佛事。所以凡是對佛光山一錢的施捨、一句美言的鼓勵，都是佛光山的護法，都是爲未來中興佛教播種的功臣。

本著一切衆生平等的觀念，及慈悲爲懷的精神，佛教對一切生靈皆悉心守護。去年五月，獅頭山無量壽放生會、佛光山放生會、菩提佛堂放生會，改爲「聯合放生會」，並推請徐槐生居士爲會長。

世間上沒有比生命更可貴的，所以放生不但是爲對方延命，也是爲自己積德；不但是愛惜物命，也能報答多生累劫之父母深恩。無奈後人實行不當，一些不法商人爲了商業生機，一捉一放之間，往往助長殺生惡業，徒使美意盡失，扭曲了放生的真正意義。所以，佛光山也將著手興建一座觀音放生池，保護經過放生後的動物之生命安全。

一座山頭纔開墾第三年，一切的花費開銷難以計數，可說是日日難過日日過。但是，爲了培育人才，在經濟最困難之時，我仍堅持送徒弟慈惠、慈容、慈嘉三人前往日本留學，就讀日本京都大谷、佛教大學等學校。不過，也因此第一期大專佛學夏令營在學員報到的前一天，竟然連菜錢都沒有著落！

在這樣的困境當中，我仍然咬緊牙根，勇敢承辦起來。其中有衆多一絲一毫的幫助，都教人喜出望外，讓人感動不已。在此，我要感謝兩位不具名的鄉下老太太，送來兩萬元，解決這次的困難，讓首屆大專佛學夏令營圓滿落幕。若以靈感來說，這兩位老婆婆就是觀音菩薩的化身了。

去年，東方佛教學院爲有意深入佛學的人，舉辦了兩期的佛學講座，國語、閩南語同時開班，讓大家在沒有語言的障礙下，研習佛法。同時，創辦兒童星期學校及民衆講習班，期望透過各種善巧方便，讓每個人都能獲得適宜的佛學教育。

第一期大專佛學夏令營，於七月開營。計有臺灣大學等二十六所大專院校學生，如張滿足（後來的依空）、薛正直、沈仁義、趙翠慧等一百多名青年參加。這一次的大專佛學夏令營，感謝高雄「救國團」張培耕先生出

面協辦，讓既傳統又嚴肅的佛教，增添時代青年的活潑與熱情。

在開營典禮時，我開示創營宗旨：一、爲復興中華文化。二、爲開拓智慧領域。三、爲尋求心靈主人。四、爲安頓生命世界。看著這羣朝氣勃勃的青年，我也祈求所有的學員們，能像佛門中的古德，在年輕力壯時，即將滿腔的熱情與志願，貢獻給佛教、貢獻給人類，在人生的急流潮湧中，爲自己寫下生命的歷史。

在十二月舉行的民衆講習班第一期結業典禮上，三十六位結業生發心籌建「香光亭」，來紀念這次的因緣，也表達內心感激之情。

走筆至此，我不禁生起一些回憶與看法。記得多年前，有人提議佛教應重視體育，也付出不少努力。像臺東的修和法師在臺東縣擔任桌球協會會長任內，有名的紅葉棒球隊便曾受到他很多的支助；佛教智光學校的籃球隊也曾在臺北縣得過冠軍。我想，佛教有一支出色的球隊，不也可以藉著體育向世界傳播佛教嗎？

所謂「佛以一音演說法，衆生隨類各得解」，度衆生的方法有八萬四千法門，佛經中也記載諸佛菩薩遊化十方國土，以歌詠、飲食、建道場、作戰陣等諸多方便，度化衆生。因此，新時代的佛教更應該運用體育，甚至各項度衆方法，擴大佛教弘傳的層面纔是。

去年，爲了增加友寺往來以及讓徒衆增廣見聞，我率團參訪日本靈友會；年底日據時代臨濟宗妙心寺派在臺弘教的活躍僧侶東海宜誠，亦來山參訪。另外，有件轟轟烈烈振奮全世界的大事。美國「阿波羅十一號」太空船月球小艇，載著三位太空人，在七月二十一日凌晨，首次登上太陽系中的另一個天體——月球。太空人尼爾，阿姆斯壯是第一位踏上月球，完成人類歷史上空前壯舉的人。他們漫步在月球上，採集各種巖石標本，以及安裝各種儀器。那些月球巖石，可能有助於人類發現太陽系起源的綫索，也向未來研究外太空非人類的時代，邁進了一大步。此時此刻，我也衷心祈願佛光山的一小步，爲全佛教邁出寬闊的一大步！

佛光教團自創建至今，一路行來，感謝三寶的加被，感謝十方的支助，許多令人感動的事情，真是不勝枚舉，如嘉義吳大海居士在開工次日首捐十萬元，今日全山飲水，皆由大海居士之賜；臺南吳修齊居士，除捐教室一間外，又再以他的影響力，影響他的公司和環球水泥公司各自認捐教室一間；巴西宋復庭居士的多方贊助，一次又一次捐助建築費、佛像、放生池等等；馬來西亞的勝進長老，會長竺摩法師，以及美國的知定法師，都給予東方佛教學院大力賜助；還有，《覺世》旬刊的讀者也都動員了。由於大家的發心發願，四處奔走勸募，更奠定了佛光山初步基礎。

要振興臺灣的佛教，必定要讓佛法普及各處各層，纔能端正社會風氣、淨化人心，倘若一味固守自家寺院，不將佛法傳出去，是起不了作用的。當務之急只有重視佛教教育，培養人才，纔有辦法大開法筵，中興佛教。

在這一年之始，生機無限時分，期望全體佛光信衆及佛光之友，同心同力締造佛教的千秋大業。祝福大家

佛光照臨

闔府平安

星雲 合十

一九七〇年元月一日

一九七一年新春告白

各位護法、朋友們：大家好！

陰沈的冬天過去，接著又是一個蓬勃春天的開始。新春降臨，青草萌芽，百花開放；春天能使嚴冬裏枯死的萬物有生機，就像青年能讓衰微的佛教有活力。萬物沒有春天，必定無法生長；佛教沒有青年，勢將不會復興。所以，世間上有多美麗燦爛的春天，佛教裏就有多熱情奮起的青年。

感謝三寶的加持，感謝各界的護法。去年佛光山大專佛學夏令營雖已圓滿，心中仍有說不盡的感動，道不完的法喜。慚愧自己的不足，對中興佛法的事業雖有熱心，但是個人的力量終究有限。佛光山每個月三十餘萬元的建設工程，佛教學院一百多位師生的食住日用，救濟院（大慈育幼院）中的各種開支，《覺世》旬刊的印刷費等等，都需要費心思籌集。一向不重視經濟的我，至此也不得不屈指算起金錢來。

佛光山目前除了一般的僧伽教育、兒童教育之外，還有每年舉辦兩期佛學講座，一次大專佛學夏令營。縱使辦教育不易，經費籌措不及，然而我仍希望對信徒教育、青年教育，多盡一分心力，多種下一些因緣。

而大慈育幼院的成立，則是秉承蔣中正先生關懷婦幼福利的德意，以及實踐佛陀慈悲救世的精神，祈願能幫助孤苦無依的孩子，使他們都能享受到人間的溫暖與良好的教育，將來都可以成爲國家的棟樑。感謝交通銀行高雄分行經理，也是本院董事長徐槐生先生的慈心善願，發起設立佛教的慈善機構，並向當局申請補助，去年十二月十五日，這所「大慈育幼院」已准予立案。

大慈育幼院設在佛光山東方佛教學院的西側，目前以懷恩堂、法味堂、智度堂等房舍暫作收容幼兒的處所。大慈育幼院雖尚未正式開幕，但已經在數月前收容幼兒七人。今後，凡是孤苦無依的幼兒，收容後一切教養費均免，全由院方供給。此外，未來除了收容孤兒外，更計劃利用新院舍的良好設備，附設農村托兒所，對附近居民的兒童給予義務教育，幫助當局來教育兒童。

雖有理想，但是籌建這項龐大的建設經費需要衆緣的護持。欣慰的是，去年東方佛教學院第四屆全體畢業學生，在畢業前夕，出錢出力，手工製造了日用品、衣物、繪畫、玩具、諸多工藝品，於大悲殿舉行規模盛大的義賣活動，和爲期一個月的環島義賣活動。透過活動及社會輿論，讓這項幼育計劃廣泛的傳播到社會各階層，也得到社會大衆熱烈的響應，每一處都能看到人情的溫馨，慈悲的發揮，一時之間，慈光偏照，暖意無限。

七月中旬舉行的第二屆大專佛學夏令營，本來只計畫招收大專青年一百名，給予兩星期的佛學教育；即此一百名的道糧也不知如何籌措。但意外的，報名青年竟有四十餘所院校，總計六百多人。開山只有三年多的佛光山，面對六百人受教育的設備、房舍、道糧等問題，不禁有「心有餘而力不足」之慨。不過，充滿內憂外患又老邁孱弱的佛教，正需要注入青年的血液與熱情。尤其大專知識青年，他們的知識和積極活力，對未來的發展與影響力，無一不是今日佛教所須，又怎能捨棄任何一個人呢？

幸而此時，印順長老、心空法師、吳大海居士首先贊助；李慧全、黃玉明、徐槐生、方倫居士聯名向海外高僧大德呼籲，海內外也都出現了響應的呼聲，紛紛來函希望能全部録取所有報名的大專青年。因此，佛光山決定尊重大家的意見，全部録取，而分兩梯次辦理。

決定之後，當即購買牀鋪、訂製桌椅、裝修大教室、趕工開闢運動場，真是忙得不亦樂乎。我們之所以有這股信心和勇氣，主要都是各位護法給予的支助與力量。如臺內有「青年救國團」出面協辦，高雄市佛教支會在住持聯席會議呼籲高雄市各寺院贊助，雲林縣佛教支會在會員大會中提議支援，另有許多緇素大德，如海外

一九七一年新春告白

各位護法、朋友們：大家好！

隨著冬天過去，接著又是一個蓬勃春天的開始。新春降臨，青草萌芽，百花開放；春天能使嚴冬裏枯死的萬物有生機，就像青年能讓衰微的佛教有活力。萬物沒有春天，必定無法生長；佛教沒有青年，勢將不會復興。所以，世間上有多美麗燦爛的春天，佛教裏就有多熱情奮起的青年。

感謝三寶的加持，感謝各界的護法。去年佛光山大專佛學夏令營雖已圓滿，心中仍有說不盡的感動，道不完的法喜。慚愧自己的不足，對中興佛法的事業雖有熱心，但是個人的力量終究有限。佛光山每個月三十餘萬元的建設工程，佛教學院一百多位師生的食住日用，救濟院（大慈育幼院）中的各種開支，《覺世》旬刊的印刷費等等，都需要費心思籌集。一向不重視經濟的我，至此也不得不屈指算起金錢來。

佛光山目前除了一般的僧伽教育、兒童教育之外，還有每年舉辦兩期佛學講座，一次大專佛學夏令營。縱使辦教育不息，經費籌措不及，然而我仍希望對信徒教育、青年教育，多盡一分心力，多種下一些因緣。

而大慈育幼院的成立，則是秉承蔣中正先生關懷婦幼福利的德意，以及實踐佛陀慈悲救世的精神。祈願能幫助孤苦無依的孩子，使他們都能享受到人間的溫暖與良好的教育，將來都可以成為國家的棟樑。感謝交通銀行高雄分行經理，也是本院董事長徐槐生先生的慈心善願，發起設立佛教的慈善機構，並向當局申請補助。去年十二月十五日，這所「大慈育幼院」已准予立案。

大慈育幼院設在佛光山東方佛教學院的西側，目前以懷恩堂、法味堂、智度堂等房舍暫作收容幼兒的處所。大慈育幼院雖尚未正式開幕，但已經在數月前收容幼兒七人。今後，凡是孤苦無依的幼兒，收容後一切教養費均免，全由院方供給。此外，未來除了收容孤兒外，更計劃利用新院舍的良好設備，附設農村托兒所，幫附近居民的兒童給予義務教育，幫助當局來教育兒童。

雖有理想，但是籌建這項龐大的建設經費需要眾緣的護持。欣慰的是，去年東方佛教學院第四屆全體畢業學生，在畢業前夕，出錢出力，手工製造了日用品、衣物、繪畫、玩具，諸多工藝品，於大悲殿舉行規模盛大的義賣活動，和為期一個月的環島義賣活動。透過活動及社會輿論，讓這項幼育計劃廣泛的傳播到社會各階層，也得到社會大眾熱烈的響應，每一處都能看到人情的溫馨，慈悲的發揮，一時之間，慈光遍照，暖意無限。

七月中旬舉行的第二屆大專佛學夏令營，本來只計畫招收大專青年一百名，給予兩星期的佛學教育；即一百名的道糧也不知如何籌措。但意外的，報名青年竟有四十餘所院校，總計六百多人。開山只有三年多的佛光山，面對六百人受教育的設備、房舍、道糧等問題，不禁有「心有餘而力不足」之嘆。不過，充滿內憂外患又老邁孱弱的佛教，正需要注入青年的血液與熱情。尤其大專知識青年，他們的知識和積極活力，對未來的發展與影響力，無一不是今日佛教所須。又怎能捨棄任何一個人呢？

幸而此時，印順長老、心空法師，吳大海居士首先贊助；李慧全、黃主明、徐槐生、方倫居士聯名向海外高僧大德呼籲，海內外也都出現了響應的呼聲，紛紛來函希望能全部錄取所有報名的大專青年。因此，佛光山決定尊重大家的意見，全部錄取，而分兩梯次辦理。

決定之後，當即購買床鋪，訂製桌椅，裝修大教室，趕工開闢運動場，真是忙得不亦樂乎。我們之所以有這股信心和勇氣，主要都是各位護法給予的支助與力量。如臺內有「青年救國團」出面協辦，高雄市佛教支會在住持聯席會議呼籲高雄市各寺院贊助，雲林縣佛教支會在會員大會中提議支援，另有許多緇素大德，如海外的勝進長老、樂渡法師、金星法師、浩霖法師等，沈家楨、詹勵吾居士等都大力響應。「臺灣省政府副秘書長」余學海、高雄市黨部主委季履科、「教育局長」王清波等也來函頻加鼓勵。

開營後，「社會局長」趙景由等各方大德蒞臨指導，社會人士更咸感關懷，諸如「郵政局」在佛光山設立臨時郵局，「中央日報」及其他報紙都紛紛報導本營消息，電視公司專程派員拍攝生活動態，播映報導。凡此種種，都足以使夏令營增加榮耀；諸方大德的深情厚愛，真是彌足珍貴。

兩梯次六百餘名的大專同學，每個人都對佛教留下深刻印象，也改變先前錯誤的觀念。這些同學裏原本只有十人是佛教信徒，兩次皈依典禮之後，共有一百零八位成爲真正佛子。雖然大多數還沒有皈依，但我相信都已經種下了菩提種子。從數百篇的「心得報告」裏，那些對佛教和佛光山「讚美」、「忘不了」的聲中，以及揮淚而別的離緒中，可以預見他們將來對佛教的影響力。

工程方面，在此向大家做個報告：本著慈悲的精神，令水族生物免遭漁人捕殺的厄運，而於佛光山山門進口處，約千餘坪的地方闢地建設一處「觀音放生池」。雖然在興工期間，屢遭豪雨大水衝毀，全山大衆還是保有不折不撓的精神，加上護法信徒的全力護持，我想一定能隨願所成。

放生池中有一個小島，取名「和愛島」，是爲紀念一位俗家人稱「愛姑」，出家名「微和」的比丘尼。由於她的熱心贊助，並且在臨終時囑將遺產三萬元全部捐獻，此放生池的工程纔得以順利進行。

還有在東山之陽，進山入口處，一尊時時刻刻都以笑容迎接朝山信衆的彌勒聖像，是去年舉辦大專佛學夏令營時，全省五十餘所大專院校學生，推選臺灣藝專朱朝基同學等，精心籌畫塑造而成。而彌勒聖像後方，頂著寶塔的立體三角形，則是東方佛教學院第三屆應屆畢業生，呈獻給母院的紀念。其內裝水銀燈，綻放著佛光，含有普照芸芸衆生的意涵。

新春告白一

一九七一年新春告白

一年一次的大專夏令營，讓六百多位青年對佛教生起信心，爲佛教奉獻他們的專長與發心，這種功德是不亞於傳授一次三壇大戒。成就這種功德的，就是各位護法、各位關心夏令營的大德們。希望每年都能獲得諸位的護持，讓更多的大專青年接觸到佛光的溫暖，品嚐到甘露法水的清涼。

從歷史記載，我們看到世界有許多的宗教戰爭，唯有佛教是最和平、最不排斥他教的慈悲宗教。世界性的宗教要團結與交流，也應該同心攜手爲世界和平而努力。

去年佛光山來了重要的貴賓，有泰國華宗尊長普淨上座率團來訪，以及全世界各國來臺灣傳教的天主教道明會神父、修女等八十餘人。天主教道明會由梅達明神父帶領，前來佛光山參訪、交流，頓使平常寂靜的山間熱鬧起來。當東方佛教學院學生列隊送行時，他們相當驚訝佛光山竟然有那麼多年輕僧衆，發現佛教正潛藏著一股不可思議的力量，他們讚許佛教已蓄勢待發，準備邁向另一個嶄新的佛光世紀。

還有，正在師範大學研究的越南佛教統一教會青年僧尼總團團長善議法師，其住華訪問期間，特地專訪嘉義印順法師及佛光山，以備返國時，把在臺灣的所見所聞，作爲發揚越南佛教的參考模範。他表示希望能送一批有志研習佛法的青年前來求學，好爲未來的越南佛教預設一處光明的希望。我也歡喜響應他的理想。

雖然佛光山沒有多餘的經濟能力，在度日如年的日子裏，我們全山大衆克勤克儉，開墾山坡種花、種鳳梨、培養竹林，希望補助一些開山費用。像心平、心定、慧龍、依嚴、依恒法師，白天在工地流著汗水，辛苦地搬運沙石，賣力地攪拌水泥，深夜還要四處巡邏。有時狂風暴雨來臨，大家都勇猛發心，搬沙包、擋土牆，甚至連育幼院的小朋友，也一起投入防災工作。只要秉持「非佛不作，非佛不說」的信念；只要佛法能興隆，大家都是心甘情願，無怨無悔，即使付出生命也在所不惜。

一佛出世，萬佛護持，佛光山是集體創作的最佳典範。祈望十方護法信徒，能如實恒久地擁護，成就一個

正信的佛光教團，讓佛教加快脚步，走向人間。祝福大家

吉祥如意

祥和歡喜

星雲　合十

一九七一年元月一日

一九七二年新春告白

各位護法、朋友們：大家好！

星霜屢移不息，人間又將臘盡春回，萬物更新，值此新歲時分，祈願諸佛護祐，大家都能增福又增慧，動定恒吉祥！

自一九六七年以來，佛光山在滿山麻竹叢中漸具規模，在滾滾紅塵中，啓建水月道場，廣度一切有情。從院舍、齋堂、圖書室，大家披荆斬棘、挑土搬石，將荒蕪冷清、雜草蔓蔓的山坡地，一寸一寸地建構成佛土浄域。一九六九年春，開始興建的佛光山第一座殿堂「萬佛大悲殿」，也在去年四月落成。

是日，「內政部長」徐慶鐘先生親自蒞臨到佛光山剪綵，諸山長老，如靈源、月基、煮雲、倫參、真華、成一、慧峰、聖印、獨峰法師等六十餘人，以及信衆十萬人共逢慶典，場面熱鬧歡喜又祥和莊嚴。剪綵的同時，並有萬尊觀音聖像、彌勒聖像的開光典禮，「觀音放生池」首次放生典禮，龍亭、香光亭落成典禮，寶橋通行典禮，以及開山紀念碑剪綵典禮等盛事。

大悲殿中供奉的觀音聖像，摻合了印度佛陀説法臺的緑玉寶石及恒河沙，殿內四周另有一萬尊觀音聖像，外廊牆壁四周，則是將《普門品》裏所載觀世音菩薩的應化事跡，做成十二幅浮雕。莊嚴美妙的設計，除了讓每位前來禮佛的信徒遊客，有置身佛國的感受，更希望將菩薩「偏娑婆世界，千手千眼，化身無量數；遊十方國土，大慈大悲，度衆憶恒沙」的大慈悲心，潤澤人間有情。

承蒙「立委」黄玉明伉儷奉獻銅鐘一座、大鼓一面，以誌祝賀；高雄汽車客運公司，爲此特別增開加班專車，原本的佛光山站，也決定移到山下，以便利乘客往來；元月，臺灣「郵政總局」更批准成立佛光山郵政代辦所。凡此種種，都要感謝諸位護法檀那的支持，以及各界的關愛。

此外，佛光山山門在四月破土開工，朝山會館、大雄寶殿、極樂洞窟也陸續開工了。

佛光山宗務委員會爲了續佛慧命，並答謝各界護法大德的支援，首次傳授萬佛在家菩薩戒法會。這次戒會，依照大陸有名的律宗道場「寶華山」的戒規傳授，禮請到臺南慧峰法師爲羯摩阿闍黎，鳳山煮雲法師爲教授阿闍黎，我則擔任得戒阿闍黎，會性、倫參兩法師分任開堂、陪堂和尚，可説集佛門僧傑於一堂。並有來自臺北、苗栗、臺中、嘉義、高雄、屏東、花蓮、宜蘭等地，及旅居外國三百餘位華僑參加。戒會圓滿後，更編印了《萬佛在家菩薩戒同戒録》，方便戒子們互相聯絡，但更希望大家能在佛道上彼此共勉，切磋砥礪。

戒期之中，大家歡喜護法、設齋供衆的精神，也教人感動，於此謹向各位致上真誠的謝意。

關於法會及活動方面，現在向大家作一個報告：六月中旬，於大悲殿舉行首次觀音法會，並爲兩百多人舉行皈依典禮；十一月舉行「秋季佛學講座」。「佛光山第三期大專佛學夏令營」也在七月中旬展開，來自五十所大專院校，兩百多位學生共聚佛光山研習佛法，同時請到唐曜教授、方倫教授、會性法師等人爲學員授課，當中更有一百多位大專青年發心皈依三寶。唯願透過年年舉辦的佛學夏令營活動，讓更多青年都能做到我在開營典禮上勉勵大家的，「捨迷向覺」、「捨偏就圓」、「捨己爲人」、「捨外向內」。

自創辦佛教學院以來，至今已過了七個年頭，除了在東方佛教學院設立高級班，壽山、蘭陽兩地設初級佛學班之外，去年初再增設「佛光山中級佛學院」，從此東方佛教學院的學制更臻完善了。

在僧伽的養成上，從壽山佛學院開始，已作育出許多佛教英才。在文化事業上有卓越表現的，如慈嘉、慈怡、性瀅法師等，另外，心如、依嚴、道觀、性光、普暉、紹瀅、悟證、真悟、會欽、慧哲、慧嚴、修慈法師

及陳愛珠等人，也在各學院教書、各道場佈教講經，或住持一方，廣宣佛法。去年，第三屆畢業生依融及紹覺法師，應聘至蘭陽仁愛之家服務，開創島內比丘尼進入社會慈善事業服務的先例，而遠赴日本求學的慈嘉也學成歸來，擔任育幼院院長之職。

多年來，因為各方人士的支持與護持，佛教的教育事業始能順利推展，無論是出錢出力，其功德與影響力都是不可限量的。感謝浩霖法師贈送佛光山一套哥倫比亞百科全書；澎湖馬公鎮郭自得居士，將珍藏多年之大藏經一部共一百冊，捐贈佛光山，充實了藏書，也讓同學們有更多的閱讀資源。

過去這一年，有許多團體或來山參觀，或於佛光山舉辦活動，如高雄市教師康樂研習會、臺南市「救國團」團務發展研究會、高雄客運公司董事會等團體，相繼來山舉辦活動，還有「教育廳」教育輔導團、高雄市大新百貨公司員工、菩提幼稚園、臺中佛教蓮社、屏東高樹婦女會、菲律賓岷華女子體育會，以及「經濟部部長」孫運璿先生、臺灣大學吕維明教授、太平產物保險公司丘漢平先生、交通銀行徐槐生經理等人，都前來佛光山參訪。

去年十月，臺灣退出聯合國，這突如其來的轉變，使得民衆震驚不已，一時人心惶惶。身為佛教徒的我們，更應加强自身的修持與信仰，提高佛教僧團的素質，發揮宗教安定人心的力量。我以為愈是動蕩的時候，我們愈是要有固若磐石的大智慧、大定力。

緬懷過去一年之時，我也不由地掛念世界、國家、佛教的未來，掛念大家的道業是否精進，身心是否安康？掛念人間是否少災少難，和平安樂呢？時序已入殘冬，接下來便是春暖花開的時節，我們不僅要汲取過去的精華，更要開拓未來的美景。在此謹祝福各位

福慧增長

悲智圓滿

星雲　合十

一九七二年元旦

一九七三年新春告白

各位護法、朋友們：新年如意！

一九七三年的元旦到了，人間又逢新歲，大地再現生機，祈願佛光送暖，衆生安樂。

回溯過往，去年春節，煮雲法師帶領鳳山佛教蓮社青年會，到佛光山朝山禮佛。這羣熱血滔滔的青年，從山門三步一拜朝往萬佛大悲殿，以身教感動人心，自身人格也因之升華。在清亮明朗的佛號聲中，不僅僅牽動在場遊客，這些青年的心也隨之柔軟恬靜，在他們身上，我更看到佛教未來的希望，看到未來的充沛新機，此情此景，著實教人欣悅、振奮不已！

一九七二年，國際上通過兩項相關世界環境及文化的宣言：在瑞典斯德哥爾摩舉行的第一次「國際環保大會」中，通過《聯合國人類環境會議宣言》和《行動計劃》，使得環境保護成爲世界性的觀念及行動，讓世人瞭解到人類與自然乃是息息相關的共同體；聯合國教科文組織大會通過《保護世界文化和自然遺產公約》，從此，世界各地的文化及自然遺產，將獲得整個國際社會的保護。

我想，這些宣言應能喚醒世人對地球生命延續，及文化遺產的正視；這也是佛教一向所倡導的。欣聞國際上能達成這樣的共識，更盼望對世界的發展能發揮積極的效用。

佛光山開山至今，始終普門大開，廣度羣倫，許多企業組織，和宗教、民間團體亦樂於到佛光山參觀拜訪、求法問道。去年五月我們以最隆重的儀式，歡迎新加坡總理李光耀伉儷等人來山訪問，進行了一次成功的民間交流。我也會見了英國比丘照明法師，接待了日本京都大學教授牧田諦亮先生、「佛教訪華親善團」中村一雄先生，以及佛教大學總務長水谷幸正教授，並分別與他們商談佛教教育，及海外佛教發展等問題。而高雄師範學院院長薛光祖先生，也多次帶領德國漢學教授、學者多人，來山作佛學研究。

此外，「中央日報」特約記者翁慕良先生，首次以大篇幅報導佛光山，讓社會各界人士認識「人間佛教」的道場。藝術家楊英風先生、張曼濤夫婦、林錦東居士、「國大代表」黃一鳴先生、「內政部次長」高應篤先生、「立委」黃玉明居士、「海軍總司令」宋長志先生夫人何亞平女士等人，也紛紛來山。還有，甫在美國威廉波特獲得世界青少棒冠軍，載譽歸來的中華美和青少棒全體球員，在領隊廖炳鎔及經理董榮芳的領導下前來還願，感謝佛祖的加持，讓他們贏得漂亮的成績。這些小賽手在世界青少棒錦標賽中，拿到首次世界冠軍，這是他們的光榮，也是大家的光榮。

去年各友寺也紛紛來山，像獅頭山元光寺住持本明長老，偕同彰化東方學苑真智法師來訪，羅東白蓮寺住持妙慧法師、彰化中華寺明俊法師，以及屏東普門講堂住持會性法師、中壢元化院住持善超法師、新竹一同寺住持玄深比丘尼、樹林海明寺住持悟明法師、元亨寺菩妙法師、美濃朝元寺善定、慧定法師等，也都率領信徒蒞山訪問，他們的盛情來訪，帶給我們許多的鼓勵。

在春天舉行的第二屆「佛光山萬佛在家菩薩戒法會」，發心求受戒法的戒子有三百餘人。一連七天，佛光山上一片肅穆莊嚴，戒香嫋嫋，有著萬燈相映交融的情景。這次的戒期圓滿日，同時舉行第一次誦戒，是日，新舊戒子齊聚一堂，誦持戒法，諸善男子、善女人虔誠專注的神情，望之令人動容。

在弘法利生上，我不時思忖，佛教如何纔能爲現代人接受？如何迎向社會？我想唯有以傳統精神爲根本，輔以現代的方式爲權巧，纔有辦法。當初我在宜蘭時，爲堅固信徒信仰，創設了「宜蘭念佛會」；爲端正學生品德思想，舉辦了「星期學校」。喜見當時所培養的學生，如今都已成爲佛教、社會的精英份子，如陳秀平、林清志、李武彥、林孝信、張肇、楊梓濱等人。我從一九五三年元月到宜蘭，近十年的弘法，未曾中斷，去年

一九七三年新春告白

各位護法、朋友們：新年如意！

一九七三年的元旦到了，人間又逢新歲，大地再現生機，祈願佛光送暖，眾生安樂。

回溯過往，去年春節，慈雲法師帶領鳳山佛教蓮社青年會，到佛光山朝山禮佛。這羣熱血沸騰的青年，從山門三步一拜，朝往萬佛大悲殿，以身教感動人心，自身人格也因之升華。在清亮明朗的佛號聲中，不僅牽動在場遊客，這些青年的心也隨之柔軟恬靜。在他們身上，我更看到佛教未來的希望，看到未來的充沛新機。此情此景，著實教人欣悅，振奮不已！

一九七二年，國際上通過兩項相關世界環境及文化的宣言：在瑞典斯德哥爾摩舉行的第一次「國際環保大會」中，通過《聯合國人類環境會議宣言》和《行動計劃》，使得環境保護成為世界性的觀念及行動，讓世人瞭解到人類與自然乃是息息相關的共同體；聯合國教科文組織大會通過《保護世界文化和自然遺產公約》，從此，世界各地的文化及自然遺產，將獲得整個國際社會的保護。

我想，這些宣言應能喚醒世人對地球生命延續，及文化遺產的正視：這也是佛教一向所倡導的。欣聞國際上能達成這樣的共識，更盼望對世界的發展能發揮積極的效用。

佛光山開山至今，始終普門大開，廣度羣倫，許多企業組織、和宗教、民間團體亦樂於到佛光山參觀拜訪，來法問道。去年五月我們以最隆重的儀式，歡迎新加坡總理李光耀伉儷等人來山訪問，進行了一次成功的民間交流。我也會見了英國比丘淨明法師，接待了日本京都大學教授牧田諦亮先生，「佛教訪華親善團」中村一雄先生，以及佛教大學總務長水谷幸正教授，並分別與他們商談佛教教育，及海外佛教發展等問題。而高雄師範學院院長薛光祖先生，也多次帶領德國漢學教授、學者多人，來山作佛學研究。

此外，「中央日報」特約記者翁慕良先生，首次以大篇幅報導佛光山，讓社會各界人士認識「人間佛教」的道場。藝術家楊英風先生、張曼濤夫婦、林錦東居士、「國大代表」黃一鳴先生、「內政部次長」高應篤先生、「立委」黃玉明居士、「海軍總司令」宋長志先生夫人何亞平女士等人，也紛紛來山。還有，甫在美國威廉波特獲得世界青少棒冠軍，載譽歸來的中華美和青少棒全體球員，在領隊廖丙銘及經理董榮芳的領導下，前來還願，感謝佛祖的加持，讓他們贏得漂亮的成績。這些小賽手在世界青少棒錦標賽中，拿到首次世界冠軍，這是他們的光榮，也是大家的光榮。

去年各方寺也紛紛來山，像獅頭山元光寺住持本明長老，偕同彰化東方學苑真智法師來訪，羅東白蓮寺住持妙慧法師、彰化中華寺明修法師，以及屏東普門講堂住持會性法師，中壢元化院住持善超法師、新竹一同寺住持玄深比丘尼、樹林海明寺住持悟明法師、元亨寺菩妙法師、美濃朝元寺善定、慧定法師等，也都率領信徒蒞山訪問，他們的盛情來訪，帶給我們許多的鼓勵。

在春天舉行的第三屆「佛光山萬佛在家菩薩戒法會」，發心求受戒法的戒子有三百餘人。一連七天，佛光山上一片肅穆莊嚴，戒香瀰漫，有著萬燈相映交融的情景。這次的戒期圓滿日，同時舉行第一次誦戒，是日，新舊戒子齊聚一堂，誦持戒法，諸善男子、善女人虔誠專注的神情，望之令人動容。

在弘法利生上，我不時思忖，佛教如何纔能為現代人接受？如何迎向社會？我想唯有以傳統精神為根本，輔以現代的方式為權巧，纔有辦法。當初我在宜蘭時，為堅固信徒信仰，創設了「宜蘭念佛會」；為端正學生品德思想，舉辦了「星期學校」。喜見當時所培養的學生，如今都已成為佛教、社會的精英份子，如陳秀平、林清志、李武彥、林孝信、張華、楊梓濱等人。我從一九五三年元月到宜蘭，近十年的弘法，未曾中斷，去年更爲他們成立了「青年學生會」，透過學生會，結合初、高中學生，進行弘法、研究、自修等課程，讓青年學子從中培養正確、開闊的生命觀。另外，去年五月，宜蘭監獄正式聘我爲監獄教誨師，往後，我得以擴大從事輔導青少年感化的工作。過去到監獄弘法，都需要想盡辦法費力申請，如今，當局對監獄的教化，已慢慢在開放，欣喜佛光也能普照這些社會邊緣人！

去年，在佛光山舉辦爲期一週的佛學講座已邁入第五期，爲期兩週的大專佛學夏令營，也舉辦四期了。除了健全青年學子的信心與品格外，提升佛教信衆的素質及層次，更是亟待推動的。這段期間，我爲這些青年學員講解《心經》，以般若智慧之「以退爲進」、「以無爲有」、「以空爲樂」、「以衆爲我」，來勉勵大家建立新的人生觀。希望透過這些活動的舉行，讓佛法指導人生、解釋生命的內涵，能爲大家所知所用。

大慈育幼院在去年二月召開董事會議，會議中，前任董事長徐槐生在改選會議中，提名推選省林務局沈家銘局長夫人沈黃春嬌女士爲董事長。由於東方佛教學院第一屆的慈嘉、慈怡和第二屆的依戒等，先後擔任育幼院的院長，因此他們的學妹——第四屆應屆畢業生，從六月中開始，發心主辦義賣大會，爲大慈育幼院院舍籌募建設基金。爲期近三個月的活動，在同學們的熱力推動下，辦得有聲有色。承蒙各界大力支持與響應這項籌募活動，我想院舍一年後，就可以完成，讓一直寄居在佛學院的幼童們，終於有一座屬於自己的家。

佛光山的工程，我們更是披星戴月，積極擴建，未曾稍有懈怠。四月時，臺南紡織公司董事長吳修齊居士，捐贈了一百五十棵的菩提樹，對建設中的本山而言，真可謂「前人種樹」，庇蔭後人來乘涼。六月中旬，覺華園、果樂齋正式揭幕使用了，今後將提供各項服務，並作爲來山遊客休憩、餐飲之用。

另外，大雄寶殿、接引大佛已陸續開工，規劃已久的「極樂世界洞窟勝景」，也與名雕塑家翁松山先生簽訂合約，預計兩年完成。除此，提供十方大衆食宿處所的朝山會館，也在積極興建中，目前更著手闢建萬壽公墓。這種種建設，都是爲了給護法信徒最完善的服務。

眼見六年前徧滿麻竹的荒山，如今已漸具寺院叢林的規模，教人不勝欣慰。多年來，在焰陽和風雨中，我們一鏟一鋤，建寺造橋、填溝開路。像去年八月，放生池旁的路面被暴雨山洪衝毀，泥土下陷三尺深，幸好全山職事、同學，不畏雨勢，搬土運石填補，纔搶修完成。這一切，只爲建立一座「人間佛教」的道場，希冀於漫漫紅塵中廣度衆生，傳燈無盡，讓法雨甘露，從麻竹園擴展到世界五大洲。

除了硬體建設，去年更初定佛光山宗委會的組織章程，以恪遵佛制爲精神內涵，並根據六和敬、戒律、叢林清規訂定各項辦法。我希望把道場獻給十方，爲四衆所有，讓兩序大衆都能受到制度保障，依法而行，唯法所依。期使佛光山成爲有制度、有組織的現代教團，讓僧團代代相續，正法永住。

一九五五年出版的《釋迦牟尼佛傳》，去年由臺灣電視公司製作成「佛祖傳」連續劇，在螢光幕上播出。回憶當年，在宜蘭雷音寺斗室中，多少個深夜，我把佛前的燈拉到房門口，局促在裁縫機上，一字一字地寫下佛陀的一生，而今透過現代媒體，佛陀的一言一行，更走入家庭，貼切的呈現在世人眼前。我想這些不僅是佛法現代化、藝術化的表現，藉此也爲大家開展出信仰的精神世界。

我始終主張佛教是以人爲本的宗教，應該積極地走向社會人間。佛光山除了推動各項「人間佛教」的事業，我也鼓勵信徒組織佛化家庭，好比年初，爲張添永居士長子張德財先生與李苑華小姐，主持佛化婚禮。也鼓勵弟子廣結善緣，如帶領佛學院學生前往宜蘭念佛會主持「彌陀佛七」法會，先後又到嘉義佛教會、虎尾龍善寺及虎尾寺主持佛七法會。

還有，大部分的人都存有「出了家就忘了家」的觀念，但我以爲，徒衆的父母就是佛門的親家，更應彼此交流往來，因此成立「親屬會」。凡此無非希望藉由思想、作爲，及所推動的佛教事業，讓佛法深植社會人間，

不與時代脱節。

時代的演變不曾停駐，世界變遷也不曾稍作停留，我們唯有奮起向前，適時調整脚步，始能讓佛教的發展延綿不絶。在此歲末已去、春風拂面的時節，願以此與大衆共同勉勵。情盛詞拙，無以盡意，唯以一心，祝福各位都能掌握時機，創造未來。耑此　順頌

一切圓滿

法喜無量

星雲　合十

一九七三年元月一日

一九七四年新春告白

各位護法、朋友們：大家好！

一元復始，大地回春。

佛光山自開山以來，在四季節氣更迭、冬去春來交替中，工程建設不斷地進行，佛教的聖法轉輪亦不停轉動著。「登高必自卑，行遠必自邇」，雖然信衆們都盼望佛光山能加速各項工程的進度，但是，因緣有其成熟的時機，有些事是急不得的。

由於佛光山具有古典雄偉的建築和幽美景色，自然成爲南臺灣新興的佛教聖地及觀光景點，近幾年來吸引了不少海外人士前來觀光。希望每個來到佛光山的有緣人，在嘆爲觀止之餘，從這些硬體建築和各種教育、文化的弘法事業，重新認識正信佛教的根本內涵。

教人歡喜的是，去年在監察地方機關巡視員丁俊生、林亮雲，以及高雄縣政府官員、大樹鄉蘇鄉長親自前來參觀佛光山之後，擬請「觀光局」給予協助，將本山正式列入國際觀光名勝手册內。同時建議「交通部公路局」，設法把佛光山下彎曲狹窄的道路拓寬，期望便利的交通網能更方便信衆、遊客前來參拜參訪。

一九七一年，臺灣退出聯合國之際，時局動蕩，日子十分難捱。不過，看見信徒每次來山，連吃住的地方都沒有，心中真是過意不去。因此開山之初，本想將朝山會館的建設列在佛光山第一期工程中，但是當我提議設立一座美輪美奐的食宿建築時，卻沒有多少信徒支持。那時慈惠法師曾對我說：「臺灣的信徒根本不懂什麼叫作『朝山會館』，他們只希望有殿堂可以拜佛，應該先建大雄寶殿纔對。」雖然如此，我認爲現代化的佛教應該考慮社會大衆的需要，有良好的食宿環境，信徒纔能安心辦道，歡喜來朝山拜佛。

創建佛光山的辛苦可説是移山倒海，驚天地、泣鬼神，尤其朝山會館的建設過程更是艱辛。因爲它與東山之間是一道深溝，將一些山上較高土丘的土推下來，仍然不夠，於是再購買三千多輛卡車的泥石，夜以繼日地堆填。有時深夜大風大雨，爲了搶救「泥土」不被雨水衝刷，不知裹了多少棉被、枕頭，纔保護住這片好不容易填平的地基。

爲了工程建設能應付一些重要節日的來臨，全山大衆常常出普坡，男衆負責拆卸工程竹架或繁重的搬運；女衆則前去高屏溪取泥沙，用鐵牛車運回山上，供填修放生池石堤或山溝深壑之用。

值得一提的是，當工程發包後，負責管理財務的人説銀行户頭裏已無存款，而購買各種建材都需要不少費用，不如暫停工程，等到有足夠經費時，再行興建。我心想不一鼓作氣，若「再而衰，三而竭」，該如何？便指示工程繼續進行。同時親自打電話訂購鋼筋、水泥等建材，並説明會稍延後付款。建材商也都全力支持，先交付材料，不使工程中輟。不可思議，各方捐款竟很快地跟著源源而來。

「精誠所至，金石爲開」，自助而後佛助，秉持「爲了佛教，爲了弘法度生」的信念，我將會排除萬難、勇敢的走下去！日日難過日日過，每當山窮水盡疑無路時，總有「爲大事何惜生命」的使命感，自然就會有「柳暗花明又一村」的意外禪悦法喜。

去年，佛光山聯合港臺高僧百餘人，舉行清明報恩孝道水陸法會七永日。感謝「臺灣省政府主席」謝東閔先生、「臺灣省議會議長」蔡鴻文先生、臺北市黨部主任委員易勁秋先生等人，他們感於法會意義重大，而共同發起贊助，護持法會順利進行，使其功德圓滿。

另外，過去的「中元普度」，佛教道教混淆不清。爲了改革「拜鬼」的觀念，匡正社會一般民間錯誤荒謬的習俗，特地在佛光山壽山寺首次擴大舉行盂蘭盆法會。一方面仰仗出家人修持的功德，迴向先亡，使他們早

日得度或增高品位，一方面也讓信徒瞭解盂蘭盆法會供佛齋僧的意義和功德。我也倡議「中國佛教會」應訂定農曆七月十五「佛歡喜日」爲「僧寶節」，七月爲「孝道月」。

臺灣各宗教領袖，爲推動宗教教育，於臺北「中國大飯店」舉行座談會，討論宗教學院聯誼會籌備事宜。發起人爲天主教王尚德先生，基督教戴紹曾先生、黃加盛牧師，還有佛教護法信徒馮永順居士、理教趙東書先生等人。座談會中，大家一致認爲宗教教育可以彌補當局對社會教育的不足。

爲了使宗教教育發揮更大的教化力量，必須促進各宗教之間的聯誼，並且藉由座談會討論重要議案，如學籍名稱使用、畢業資格認定等等問題。希望這些問題，能獲得當局的重視及解決，使各宗教教團，能發揮力量，協助政府安定社會，促進人們富强康樂。

去年，在佛光山開山六週年紀念日之時，「行政院長」蔣經國先生暨「臺灣省政府」謝東閔主席、高雄縣林淵源縣長，前來致賀和參觀。這不僅是佛光山的光榮，整個佛教界更應該感到歡欣，因爲正信佛教的寺院及各種弘法事業，已經獲得行政長官的重視和肯定。

當蔣經國先生參觀佛光山時，發現住衆很多，不禁關心我們生活經費的來源。我覺得佛教除了仍靠信徒有限的贊助之外，應該力求自謀發展，創辦生産事業，如創學校、辦醫院、出版圖書雜誌等。如此不僅可以維持教團本身的生存，也能帶動社會的繁榮。總之，要讓正法久住，要讓佛教走在時代的潮流裏，必須邁向企業化，纔能達到自力更生、自給自足，也纔能永續經營。

在日新月異的時代裏，科技知識已呈現爆炸性的資訊需求，而佛教的教育體系，卻得不到普徧的重視。然而「人能弘道，非道弘人」，不辦好教育就不能培育弘法利生的人才，希望大家都能明白弘傳佛法的重要性。由於臺灣缺乏正式培養佛教人才的高等學府，有志深研佛法與融通世法者，多閉門摸索或遠赴海外。有鑒於此，去年九月，創設了「佛光山叢林大學院」，原有的東方佛教學院仍予保留，其歷屆畢業生，也准予進入叢林大學院補修學分。大學院裏設有教理、實踐、教化、藝術、語文五個學部，並分設有唯識、佛史等二十五科目。我想唯有從普通教育邁進淵博專才，讓有志深研佛法、獻身佛教工作的青年學有專長，纔能讓佛教教育真正達到學以致用的教育理想。

在此向大家報告一個好消息：四年前，佛光山宗務委員會派遣慈惠法師與慈怡法師，至日本大谷大學和京都佛教大學深造。他們負笈異國刻苦求學，孜孜不息。讀書之餘，仍時時關心佛光山弘法的情況，也曾數度利用假期飛回臺灣協助山上的弘法工作。如今他們分別獲得文學及史學碩士學位，帶著優秀的畢業成績回來，爲臺灣前往日本留學的佛教青年增添了極大的光榮，我也相信高學歷的有志僧青年，將成爲臺灣佛教的一股清流。

去年初，師範大學教授徐照先生，感念佛光山對佛教的宣揚，將他翻譯的《金剛經》及《百法明門論》英文譯本所有版權，奉贈佛光山宗務委員會。另外，「中國文藝協會」及分會，於佛光山新啓用的朝山會館，召開六十二年度（一九一三）會員代表大會。會上，大家一致認爲佛教含藏著浩瀚的優美佛學，值得探索、研究。在應邀講演時，我說：佛教與文藝有不可分離的關係，今日從事文藝工作者，應該多多研究佛學，以佛學來充實文藝内容與生命，爲這個世界添增更多至真、至善、至美的瑰寶。

爲了讓佛法甘霖能徧灑每個角落，我也常隨緣隨處地歡喜講演。如在第五期大專佛學夏令營開營典禮上，我告訴同學，研究佛學要用「信心」、「疑心」、「悟心」、「無心」，始能領會佛法大意；十一月，「全臺女童軍」於澄清湖舉辦露營活動，我應邀前往講演「人生快樂之門」；十二月，在高雄師範學院大慧學社講說「禪門教學法」；隔了兩天，又至高雄醫學院講演，以「談心」爲題，深入淺出地剖析我們這顆心。

佛光山在短短六年之中，在全省各地舉辦佛學講座、大專佛學夏令營，不但安定社會、浄化人心，同時引導知識青年走向能爲社會貢獻之路。未來，更冀望「中國佛教會」把信徒的組織與聯繫，視爲最急迫的工作；團結全臺佛教徒，纔能掌握並發揮信仰的真正力量。

新春新希望，在三寶加持庇護下，祈求國泰民安，社會安和樂利。祝福大家

禪悦法喜

逍遥自在

星雲　合十

一九七四年元月一日

佛光山在短短六年之中，在全省各地舉辦佛學講座，大專佛學夏令營，不但安定社會，淨化人心，同時引導知識青年走向能為社會貢獻之路。未來，更希望「中國佛教會」把信徒的組織與聯繫，視為最急迫的工作；團結全臺佛教徒，才能掌握並發揮信仰的真正力量。

新春新希望，在三寶加持庇護下，祈求國泰民安，社會安和樂利。祝福人家禪悅法喜，逍遙自在

星雲 合十

一九七四年元月一日

一九七五年新春告白

各位護法、朋友們：新年如意！

一年又過一年，眼見人間漸暖，大地將綠，我不禁感懷：有情衆生是否日益燃亮了心燈，佛教是否日益走向世界？面對此情此景，我祈願佛法明燈，燈燈無盡；菩薩慈心，心心無界！

昨年元月期間，佛光山首次舉辦「大專青年新春朝山團」進修活動，除了安排朝山活動和座談會，更請到成功大學唐亦男教授爲大專青年作專題演講。希望在一年的開始，透過這些課程及活動，讓青年們從中體會生命的偉大，培植深厚的信仰力。此外我與慈惠法師，也在月底前往臺南開元寺，爲「大專佛學冬令營」學員作專題演講；佛光山宗務委員會和壽山寺念佛會聯合組成「佛光山冬令救濟會」，在寒冬中，送暖十方。期間，還有鳳山佛教蓮社、臺南福國寺、善化念佛會所組成的「佛教青年朝山隊」，及壽山念佛朝山團來山禮佛朝聖。

臺北普門精舍更進一步推展朝山活動。自去年九月起，定期舉辦每週的「佛光山朝山團」，讓大家在工作忙碌之餘，有一段到寺院聽經聞法、充實生命的時間。除此之外，過去這一年也舉辦了第四期萬佛在家菩薩戒會、壽山念佛會會員大會、秋季佛學講座、供僧法會。臺南師專學生和臺灣大學晨曦佛學社，也分別組團來山參加佛學夏令營。

九月初，舉行首屆信徒會員大會，有來自全省的佛教信徒代表千餘人聚集佛光山。我在會上，向大家報告未來佛光山將分爲宗務館、教育館、文化館、慈善館、福利館，以此展開各項佛教事業，祈望以完整、有組織的體系，大作佛事，將佛法徧照人間，普濟羣生。

這一年，有許多團體到佛光山舉辦各項活動，如：高雄市黨部及市政府舉辦的人民團體幹部講習會；高雄市「議會」、「救國團」團委員會暨記者公會等單位，聯合舉辦的記者招待會；高雄市府會「黨政省長」全體市議員舉辦的自强活動等。「中國佛教會」臺灣分會全體理監事、高雄市鼓山區民衆服務社、高雄市郵局幹部講習會、屏東縣警備團管區、各縣市商會總幹事等，分別到佛光山開會，我也都隨緣爲大家開示佛法。另一件喜事，則是蔡維屏等十餘位官員，陪同美國、巴拿馬、約旦、泰國、越南、中非共和國等十四個國家的駐臺官員訪問團，一行五十餘人，專程蒞臨佛光山，參觀臺灣的佛教盛況。面對各國官員的歡喜、肅穆，我相信現在佛教更重要的任務是溝通國際的友誼，增進全人類的融洽，促進世界和平，而佛光山未來國際化的叢林，就是爲了實現這個理想的目標而努力。

爲了提供朝山信徒好的食宿，讓大家安心歡喜地朝山拜佛，因而在一九七一年開始，興建一座糅合和印度建築風格的朝山會館。時經兩年，終於在去年三月落成啓用。館內全爲現代化的設備，不但建有可容納千人的齋堂、供數百人住宿的套房，還設有兩間提供機關團體開會用的會議室。

另外，一座結合宗教與藝術的「佛教文物陳列館」也在去年破土興建，希望讓社會大衆對佛教文化有進一步地認識和體驗；十一月，欲作爲老人頤養天年之所的佛光精舍，舉行破土典禮；萬壽園也在七月經「省政府社會處」批准立案。

爲紀念中興棲霞山寺的臨濟宗第四十四代祖師，也是民國初年愛國革命僧宗仰上人，啓建了大智殿及宗仰上人革命紀念館。也擬於大佛城塑建一尊一百廿餘尺高的金色接引大佛，佛身高大，莊嚴慈和，座落山坡上，居高臨下，數十里外都看得見，相信建成後會是佛光山的地標。

感謝印度鹿野苑「中華佛寺」住持廣淸法師，在二月初訪問佛光山時，奉贈其在印度請回的佛陀真身舍利，

並將珍藏的一塊佛陀涅槃塔上的梵文磚塊贈予佛光山，作爲大雄寶殿的鎮殿基石。這塊基石代表著佛光山對法的傳承，意義甚爲深遠。

數十年來，我始終認爲教育不只是學業的傳授，重要的是訓練思辨能力；對於佛教青年的培養，我亦提倡觀念要新、道德要舊，自律要嚴、行動要快，如此纔能推動佛教發展。因此，對於佛光山叢林大學院的課程安排，我總是細心琢磨，用心規劃。爲了讓同學們認識叢林生活及禪宗教育的精神，去年，我邀請東初法師爲學生講授「叢林制度與禪宗教育」，南懷瑾教授講授「叢林制度」，也請常覺法師講授「唯識三十頌」，幻生法師講授「觀所緣緣論」。

除此，更邀請牟宗三教授作專題演講；臺灣大學李日章教授講授「中國哲學史」及「中國文化概論」；新加坡大學佛學講師古正美教授講演「佛學與宗教」；美國加州大學李瑞爽博士及前第三院院長金博士，分別講說「美國佛教的新興」、「世界宗教應如何和平相處」；「中央日報」記者陸震廷先生以「新聞寫作與文藝」爲題，作專題演講。

在培養學生國際觀，以及加强溝通、表達、思考的能力上，我也是盡力培養。如日本駒澤大學學生、新加坡南洋大學佛學研究會，以及日本佛教新興教派立正佼成會，舉辦環遊世界的「青年之船」成員等，他們前來本山參訪時，我都會安排他們與叢林大學院學生進行座談，彼此交換意見。我更帶領全體學生，做《法苑珠林》之分段及新式標點的工作。凡此種種，無不希望青年學子能增長見解，開拓思想領域。

團結各地佛教，能夠加强佛教的力量，拓展佛法弘揚的範圍。所以，出任「中日佛教關係促進會」會長之後，去年四月，我率領心平、心定、慈惠、依嚴、楊慈滿、蕭頂順等人，代表「中國佛教會」，應邀到日本參加曹洞宗大本山總持寺開山瑩山紹瑾禪師六百五十年忌辰大法會，並到日本各佛教道場訪問。香港僧伽聯合會會長洗塵法師，率領香港佛教訪問團赴臺，也特別來佛光山參觀，增進了兩地佛教的聯繫。

過去這一年，佛光山可說是貴賓雲集，熱鬧非常。榮獲世界冠軍，甫從美國凱旋歸來的中華青棒暨美和青少棒隊員，到佛光山禮佛，也與叢林大學院學生舉行一場籃球友誼賽；六月中旬，「省府主席」謝東閔先生陪同「行政院長」蔣經國先生二度蒞臨佛光山；十二月，「國家重要建設考察團」顧祝同、錢大均將軍等人，蒞臨佛光山考察訪問，作爲宗教建設的參考；「立法院教育委員會委員」莫淡雲、洪炎秋等人，亦參訪佛光山叢林大學院暨東方佛教學院。

五月，臺視公司勾峰先生和藍琪女士、「中影公司」葛香亭先生，分別來山參觀；臺視公司陳江先生及吳帆導演，來山拍攝「千金小姐萬金和尚」外景；「華視」「新聞報導」節目、「中華日報」、「中央日報」、「中外日報」記者，相繼來山採訪工程及佛教學院的進展情況。

還有日本神奈川縣「日華親善訪華團」、臺北「參謀大學」副校長蔣緯國先生、「國防部副部長」馮啓聰先生、鄭爲元先生、高雄師範學院學生、臺南成功大學學生、「中國石油公司」等團體來山巡禮。另有哈佛大學哲學博士普魯典，來山做爲期一年的佛學研究工作。

此外，去年有五對青年男女在佛光山舉行佛化婚禮，我也歡喜地爲他們主持婚禮。其實，佛教相當鼓勵青年男女到寺院舉行佛化婚禮，能以信仰爲生活準則和精神力量，彼此遵守承諾，互相尊重與包容，攜手建立佛化家庭，也是「人間佛教」所倡導的。

一九七四年過去了，回首間，我深深感到回顧過去，是一種反省與學習；展望未來，是一種奮起與擔當。在回顧與展望當中，我們的生命將因此成熟、圓潤，期許大家在新的一年，都能學有所成、精進奮起。

並將珍藏的一塊佛陀涅槃塔上的梵文碑贈予佛光山，作為大雄寶殿的奠基石。這塊基石代表著佛光山對法的傳承，意義甚為深遠。

數十年來，我始終認為教育不只是學業的傳授，重要的是訓練思辨能力；對於佛教青年的培養，我亦提倡觀念要新、道德要善、自律要嚴、行動要快，如此才能推動佛教發展。因此，對於佛光山叢林大學院的課程安排，我總是細心琢磨，用心規劃。為了讓同學們認識叢林生活及禪宗教育的精神，去年，我邀請東初法師為學生講授「叢林制度與禪宗教育」，南懷瑾教授講授「叢林制度」，也請常覺法師講授「唯識三十頌」、幻生法師講授「觀所緣緣論」。

除此，更邀請牟宗三教授作專題演講；臺灣大學李日章教授講授「中國哲學史」及「中國文化概論」；新加坡大學佛學講師古正美教授講演「佛學與宗教」；美國加州大學李瑞爽博士及前第三院院長金博士，分別講說「美國佛教的新興」、「世界宗教應如何和平相處」；「中央日報」記者陸震廷先生以「新聞寫作與文藝」為題，作專題演講。

在培養學生國際觀，以及加強溝通、表達、思考的能力上，我也是盡力培養。如日本駒澤大學學生、新加坡南洋大學佛學研究會，以及日本佛教新興教派立正佼成會，舉辦環遊世界的「青年之船」成員等，他們前來本山參訪時，我都會安排他們與叢林大學院學生進行座談，彼此交換意見。我更帶領全體學生，做《法苑珠林》之分段及新式標點的工作。凡此種種，無不希望青年學子能增長見解，開拓思想領域。

團結各地佛教，能夠加強佛教的力量，拓展佛法弘揚的範圍。所以，出任「中日佛教關係促進會」會長之後，去年四月，我率領心平、心定、慈惠、依嚴、慈莊、蕭頂順等人，代表「中國佛教會」，應邀到日本參加曹洞宗大本山總持寺開山瑩山紹瑾禪師六百五十年忌辰大法會，並到日本各佛教道場訪問。香港佛教聯合會會長洗塵法師，率領香港佛教訪問團赴臺，也特別來佛光山參觀，增進了兩地佛教的聯繫。

過去這一年，佛光山可說是貴賓雲集，熱鬧非常。榮獲世界冠軍，甫從美國凱旋歸來的中華青棒暨美和青少棒隊員，到佛光山禮佛，也與叢林大學院學生舉行一場籃球友誼賽；六月中旬，「省府主席」謝東閔先生陪同「行政院長」蔣經國先生二度蒞臨佛光山；十二月，「國家重要建設考察團」顧祝同、錢大鈞將軍等人蒞臨佛光山考察訪問，作為宗教建設的參考；「立法院教育委員會委員」莫淡雲、洪炎秋等人，亦參訪佛光山叢林大學院暨東方佛教學院。

五月，臺視公司石峰先生和盧琪女士、「中影公司」龔香亭先生，分別來山參觀；臺視公司陳江先生及吳桓導演，來山拍攝「千金小姐萬金和尚」外景；「華視」「新聞報導」節目、「中華日報」、「中央日報」、「中外日報」記者，相繼來山採訪工程及佛教學院的進展情況。

還有日本神奈川縣「日華親善訪華團」、臺北「參謀大學」副校長蔣緯國先生、「國防部副部長」馮啟聰先生，鄭為元先生、高雄師範學院學生、臺南成功大學學生、「中國石油公司」等團體來山巡禮。另有哈佛大學哲學博士普會典，來山做為期一年的佛學研究工作。

此外，去年有五對青年男女在佛光山舉行佛化婚禮，我也歡喜地為他們主持婚禮。其實，佛教相當鼓勵青年男女到寺院舉行佛化婚禮，能以信仰為生活準則和精神力量，彼此遵守承諾，互相尊重與包容，攜手建立佛化家庭，也是「人間佛教」所倡導的。

一九七四年過去了，回首問，我深深感到回顧過去，是一種反省與學習；展望未來，是一種奮志與擔當。在回顧與展望當中，我們的生命將因此成熟、圓滿，期許大家在新的一年，都能學有所成，精進奮起。

耑此　順頌
福慧增長
法喜無量

星雲　合十
一九七五年元旦

一九七六年新春告白

各位護法、朋友們：大家好！

春去春又來，我們又走過了一年。一年來，佛光山與臺灣一同走過風風雨雨，走過漫漫長夜。在日子如浪濤般急遽而來，無常緊迫盯人之際，大家是否能無畏生命的困境，是否有「爲佛教捨我其誰」，心甘情願、犧牲奉獻的精神？

爲了弘法度衆，除了勇猛無畏懼的爲教精神，還需啓建道場，大做佛事。去年十一月，全臺最大，也是東南亞最高的佛像「接引大佛」舉行開光聖典，同時，也舉行大雄寶殿奠基及叢林大學校舍落成典禮。

是日，邀請到諸山長老與我共同主持典禮，我爲接引大佛建竣，寫下「採高屏之砂石，取西來之泉水；集全臺之人力，建最高之大佛」之法語，唯願世間所有衆生，都能蒙佛垂顧，都能光臨這片人間浄土。逢此殊勝因緣，更舉辦「接引大佛萬緣水陸法會」，三天下來，近十萬人一心清浄，融入法會，圓滿壇場。一時，佛光山上真是法音宣流，莊嚴非凡。

大雄寶殿奠基的基石，是得自於印度佛陀説法處的金剛座下。以寫滿梵文的五穀磚爲鎮殿寶物，代表著「上承佛陀教法，下開現在未來風範」的精神。

另外，於前年成立的「佛光山叢林大學院」，已於六月正式更名爲「叢林大學」。與大悲殿遥遥相望的大智殿，供奉文殊師利菩薩，爲叢林大學男衆學部學生朝暮課誦的殿堂，平時不對外開放。兩座殿堂完成，我希望女衆弟子都能有觀世音菩薩的慈悲，而男衆都深具文殊菩薩的智慧；悲智雙運，共同圓滿弘法利生的願心。

談到佛光山的建築，我想起開山之初，曾請一位設計師設計一座寺院大樓的藍圖。他拿著設計圖，眉飛色舞地説：「這棟大樓的建築，即使在一百年之後，還是很合乎時代潮流。」

那時，我想百年後，都已不在世間了，更何況寺院的建築應以莊嚴、實用爲主，而不是追求款式與新潮。歷史的長河，會淘盡締造百年盛世的各朝各代，能真正流傳下來的，是亘古不變的真理與智慧。「啓建水月道場，大作空華佛事」，在這世上一切皆是鏡花水月，如何讓佛法久住纔是最重要的。後來，佛光山在没有請建築師設計，没有辦公室、辦公桌的情況下，我和蕭頂順先生即是站在路上比手畫脚，以土地爲圖紙，以樹枝爲筆杆，一一完成現在的建築物。

由心平法師負責工程，佛光山第一座分院——「福山寺」，於四月破土開工。記得當時彰化縣佛教支會理事長説：「彰化的佛像雖大，可惜大法未弘，希望在佛光山星雲大師的領導下，以福山寺爲弘傳基地，將佛法帶給彰化的所有人們。」其實，選擇在彰化建寺，是希望提供南北兩地佛教徒一個聯絡及歇息中心，亦期待福山寺未來能成爲南北佛教交流的橋樑。

去年四月五日，蔣公仙逝，真是舉世哀痛。次日，我集合佛光山全體大衆爲蔣公誦念佛號，祈禱英靈永歸安養。蔣公的一生，完全爲百姓的生存、自由和幸福而努力不懈，尤其在局勢艱難危急之際，總是毫不畏懼地挺身而出。

蔣公關心佛教，也熱愛山水寺院，他在《報國與思親》一書中，不止一次强調他的一生受著佛教的熏陶，如童年時光是在雪竇寺長大的、一直以來喜好理光頭、一生皆以開水代茶。也説由於母親信奉佛法，而能背誦《金剛經》、《楞嚴咒》；喜愛素食，尤其喜好煮爛的素菜；與太虛大師來往甚密，當局也曾請太虛大師至軍中弘講佛法，出巨資供太虛大師環遊世界宣揚中國。

當時正處八年抗戰時期，日本在東南亞宣傳中國人不信佛教，後因太虛大師愛國的情操，不負蔣公的期

望，使英美對中國的物資補給，得以經東南亞運交至中國。當時佛教每遭危難，蔣公都下令保護，他對佛教的護持，讓我們感懷追思。

過去一年，宗教間可說交流頻繁。七月，日本佛教新興教派立正佼成會帶領日本佛教青年，參訪世界各佛教道場。在青年部庭野日鑛會長率領下，「青年之船」一行九十人二度訪問佛光山，除了參觀各項設施，也與叢林大學、大專佛學夏令營第五期學員，展開佛學研討及聯誼活動。

這次的交流，誠如我在聯歡晚會上所說的，今日世界到處混亂動蕩，人心充滿罪惡，正需要佛光温煦的普照，法水慈悲的柔化。他們不惜千里跋涉，抱持將佛法普施世界各角落，「學玄奘之西行、效善財之南詢」的大願力，教人無比歡喜和感動。也希望每一個佛子，在這苦難的時代，都能貢獻己力，增進人類的幸福與快樂，促進宗教間的聯誼與世界和平。

七月底，我亦率領由「中國佛教會」組成的「日韓訪問團」，和日韓佛教界展開二十五天的聯誼活動，爲佛教文化的交流，四處走訪。值得一提的是，訪問韓國時，於首爾成立了「中韓佛教促進會」；訪問團停留在日本期間，與日本學術界交流，並介紹臺灣佛教的興盛情形。大部分學者都表示，感念蔣公對日本以德報怨的恩德，也願重新建立友好關係。

還有一件盛事，旅日華僧仁光法師，獲悉臺灣有一所栽培佛教僧才的「叢林大學」，他欣慰法寶傳承有人，也有感青年所擔負的重要使命，決定將世界珍貴的《鐵眼版大藏經》贈送給佛光山叢林大學。由於日本人對國寶文化特別重視，在出關時有些阻礙，輾轉經過多方面的設法交涉，纔獲得日本文務省通過，安全抵達臺灣。爲尊重這無價之寶的「文化財」，我率領佛光山全體大眾，披搭袈裟，在山門前列隊迎接至大悲殿，而後將藏經迎入甫建設完成的「叢林大學」。

一九七六年新春告白

佛光山秉持佛陀無緣大慈，同體大悲的願力，於慈善事業方面設立了生老病死等不同機構。去年六月，佛光山大慈育幼院舉行院舍落成典禮。育幼院的成立可說是眾多善美因緣的成就：徐槐生先生發起創辦，謝義雄先生響應捐地，還有各位董事的支持，東方佛教學院第四屆學生發起義賣，前任院長慈嘉法師的經營，以及現任院長慈怡法師的籌畫等等。另外，國際兒童村臺灣區負責人陳德曾先生建議，可與之合作，改組爲「佛光山國際兒童村」，爲全臺第二個國際兒童村。並預計增辦幼稚園，增加鄰近鄉村幼童進學的機會。

對於育幼院，我們始終持守幾個原則：一、不叫窮，爲預防兒童心理創傷，不以院童爲號召來獲得社會金錢的贊助。二、不讓人認養，讓每位幼童安心的將育幼院當做自己的家，他們都是佛光山裏的王子與公主。三、穿著要講究，上學讀書儘量給小孩新衣新鞋，讓他們覺得在外面很榮耀，能有尊嚴地和同學們平等相處。

去年初，臺中市興中街爆炸，引發大火災。高雄壽山念佛會馬上發起冬令救濟，由會長曾進胐將款項托「中國時報社」代爲轉交災民；同時宜蘭縣佛教支會撥了七千元，請臺中佛教支會代爲轉贈災民。在歲末冬殘之際，除了這項冬令救濟活動，對於仁愛救濟院、大慈育幼院，及其他老弱孤寡者，也都給予關懷和慰問。

佛教過去的度化活動，一向局限在寺院裏的拜懺、誦經，讓人覺得佛教只是敬鬼求福的信仰。佛光山自一九七一年來，先後在各地舉辦大規模的佛學講座，把佛教從一般的寺廟法會，提升到聞法增慧的層次。去年二月，在高雄市政府，我爲全市各單位主管講説「動與靜的生活」；屏東國文教師研習會近兩百人來山，爲他們講演「佛教與文學」；高雄師院師生來山舉辦自强活動，我也以「苦集滅道」爲題作專題演講。

十月，更首次在臺北藝術館舉行三天的佛學講座，講題分别爲：「從六祖壇經説到禪宗教學的特質」、「從金剛經説到般若空性的研究」、「從阿彌陀經説到淨土思想的建立」。把佛陀的法音帶到「國家會堂」，三天講座，聽眾爆滿，萬人在臺下聆聽的景況，彷彿靈山再現，祇園重光。佛教能夠躋登文化殿堂，爲大家所接受，

可以說向前邁出了一大步，這不僅提升了佛教的形象，使佛教不只是民間祈福膜拜的宗教，更發揮它净化社會、美化人心的教化功能。

佛光山正在展現驚人的生命力，它帶動沈寂已久的佛教界，給娑婆苦海的人們無限的光明與希望。大家應該抱持「佛教靠我」的使命感！只要我們發心發願，必能無事不辦；只要以佛法爲舟航，必能到達究竟彼岸。

感謝三寶加被，龍天擁護，也祈求十方護法信徒，繼續給予佛光山支持和鼓勵。祝福大家

諸事順遂

歡喜自在

星雲 合十

一九七六年元月一日

當然，讓佛法深植社會，淨化人心，更是弘法的主要目標。十一月，我在臺北藝術館作第二年佛學講座，三天的講題分別爲：「從現實的世界說到佛教理想的世界」、「從入世的生活說到佛教出世的生活」、「從古德的行誼說到今日吾人修持的態度」。

除此，去年的講演，我多以禪宗爲題，或以文學角度來談，或以禪法本身來論，如：於成功大學講說「禪話漫談」、於中興大學講說「禪師與禪詩」、於臺灣「清華大學」講說「文人與禪」、於屏東農專講說「談心與談禪」、於高雄師範學院講「什麼是禪」等。也爲高雄醫學院師生講演「法界圓融」、爲慈雲服務隊講「入佛三門」、爲師範大學學生講演「佛教與文學」。

八月底，在佛光山召開「臺灣佛教聯合會議」，我代表「中國佛教會」出席，會議中，決議成立電視弘法小組加强傳教；年底，「中國佛教會」在佛光山舉辦「弘法人員講習會」，希望造就更多的弘法人才。我深信佛教要能走進人心，首先必須走向人間，各種佛學講座、文化教育、慈善福利等，都是方便權巧，皆能大做佛事。

在各界慈善人士的支持下，「佛光慈悲基金會」在六月正式成立，其宗旨是將佛法透過慈善事業，融入社會，庇蔭有情，解決貧困問題，並增進社會福利。隨後在壽山寺開設了「佛光施診所」，也在宜蘭，與李江南、郭成昌居士等人，發起創設「佛教普門醫院」，九月開幕後，佛教界開辦的第一所醫院於焉成立；佛教首座老人院「佛光精舍」也於十一月正式啓用，讓老人有一處頤養天年的安樂淨土。

現代社會結構變動，小家庭制度日趨普徧，老人的孤寂感也與日俱增。有感於此，五月份，舉辦重視銀髮族的「老年夏令會」活動。「家有一老，如有一寶」，我們不只以佛法滋潤老人的精神生活，更盼望喚起大衆一齊重視老人的社會經驗，重建他們的信心。未來，在育幼、養老、救濟等慈善事業的推展上，希望能做得更多，真正做到「老吾老，以及人之老；幼吾幼，以及人之幼」的普世關懷。

前年接引大佛開光典禮同時，首次舉辦「護國牖民萬緣法會」之後，去年再度舉行，並爲四百八十尊接引佛像開光。二月，佛光山上更是梵音宣揚，除舉行萬佛菩薩戒法會及佛學講座外，圓滿日當天更舉辦「信徒大會」，一萬餘位護法檀那雲集佛光山，真是一片歡喜祥和。

大會上，我也向大家報告了一個好消息：「內政部」已批准今年度將由佛光山傳授三壇大戒，這是佛光山開山以來首度傳戒，我預計新建一座戒壇，目前已積極進行籌備工作，務必使這場戒會莊嚴、殊勝。還望大家多多護持，共同成就此一椿盛事！

懷想昨年，步步弘法足跡都是佛事，心心善念美意都是功德。時光易逝，大家的功德法財不失。今年欣逢建山十週年，十年的歲月，十年的善緣，因爲有大家的支持，纔能成就佛光山這一方淨土，心中有無限感激，但藉這封書簡，聊表謝意。晚冬好將息，祝福大家

日日進步

時時歡喜

星雲　合十

一九七七年元旦

一九七七年新春告白

各位護法、朋友們：吉祥歡喜，福慧雙至！

又是春風新綠時，祈願無窮生命得以圓滿，萬千美事得以成真！

去年六月，適逢美國建國兩百週年紀念，經過「中國佛教會」美國訪問團訪問美國。這一行是臺灣佛教界首次訪美，因而造成兩地極大的轟動及回響。佛教自印度傳來中國，古來有言「大法東來」；今日佛教會前往美國，希望「大法西去」，菩提種子也能在美洲地區開花結果。訪美期間，除了參加美國建國兩百週年慶祝大典，也到美加各佛教道場和大學，如：加拿大佛教會、美國佛教聯合會、夏威夷州立大學等地，與當地佛教徒聯誼、交流，瞭解佛教發展的情況。

美國的生活水準很高，但精神生活卻空虛匱乏。不少道場希望我們派遣僧才到美國弘揚佛法，也建議我們成立道場。感受到培養國際弘法人才的重要性，於是，返回後立刻籌備成立「英語佛學中心」，也順利在十一月正式開學，由此展開了佛教國際化的新里程。

心定法師與白聖、道安、聖印法師等人，也在二月間代表「中國佛教會」前往泰國參加世界佛教徒聯誼會；四月，心定法師再度代表「中國佛教會」前往韓國參加亞盟及世盟大會；八月底，慈惠法師在「教育廳」的指派下，前往韓國首爾，參加東國大學召開的「國際佛教學術會議」，並提出所撰寫的論文「僧伽在工業社會中所扮演的角色」。

如今，臺灣的佛教與美國、日本、韓國佛教的交流已日益頻繁，反映出未來佛教將朝向國際化發展，因此，在培育人才、佛教現代化、學術發展各方面更顯得重要與迫切。

慶幸的是，赴日深造的慈容、依戒法師已學成歸來，另有依空法師等數十位青年出家，開創了佛光山第一批大專學生出家的先例。諸如此類，在在彰顯出佛教層次已逐漸提升，這些現象確實教人既欣慰又振奮。

三月，《佛光學報》的創刊，更開啓了佛教學術研究的先端。這不僅是作爲佛光山開山第十年的獻禮，更擴展了佛教的深廣度。這份學報是由慈惠法師擔任主編，藍吉富教授擔任執行編輯，本期內容上有東初法師的「叢林制度與禪宗教育」、牟宗三先生的「天台宗之衰微與中興」、楊白衣先生的「唯識三十頌之研究」等，希望《佛光學報》能提供有識之士鑽研浩瀚佛學的參考，達到培養佛學研究的風氣、發揚經論真義等目標。

另外，爲了充實青年學僧的內涵，我常聘請專家、教授到叢林大學作專題演說，如：「中央研究院」院士屈萬里教授，講授「竹帛及其相關的問題」；「中國文化學院」文學研究所潘重規所長，講授「敦煌漫談」。此外還有道源法師、淨海法師等人來山爲學生授課。

不久前，我禮請印順導師蒞臨佛光山參觀，除了參觀叢林大學及各殿堂、單位外，也請他跟大家開示。昨年，「佛教文化館」東初長老、「行政院長」蔣經國先生、「國策顧問」陳立夫先生、「交通部長」林金生先生、國學大師錢穆伉儷、成功大學唐亦男教授等人，以及日本花園大學木村靜雄教授、「日華佛教關係促進會」、韓國佛教親善代表團、英國吉爾大學教育研究所所長布朗教授夫婦等人，都相繼造訪，對佛光山的建築、慈善、文化及教育，深表讚許。

五月，爲宏揚佛教文化，及配合亞太地區博物館研討會，臺北歷史博物館特舉辦「佛教文物藝術特展」。展出的佛教文物逾千件，計有：繪畫、雕塑與鑄像、書法及文字史料、建築圖片、法器、服裝、經典、各國佛教史跡和郵票等十一大項。我讓心平法師率領學院全體師生前往參觀，希望他們從這些佛教文物中，瞭解佛教的文化與歷史。

一九七八年新春告白

各位護法、朋友們：大家好！

歲月倏忽如過隙白駒，佛光山自一九六七年開山以來，匆匆已屆十載；細數十載，都是萬千善美因緣。今值元旦，願將每一分善美迴向十方有情，一切皆圓滿！

就在去歲將盡之際，爲了紀念佛光山開山十週年，更祈望大行佛門慈悲利衆的精神，於十一月中旬，啓建「萬緣水陸法會」，這是佛光山開山以來第二次舉辦水陸法會。內壇設在大悲殿，大壇、華嚴壇、法華壇、浄土壇等則設在「中國佛教研究院」各教室。也禮請到恒一、盛修、德榮法師等領導內壇佛事，參加法會的護法信徒可說是絡繹不絕。

十二月，首度傳授「佛光山萬佛三壇大戒」，這次的傳戒著重培養戒子莊嚴的行儀，及信仰、思想的教育，對生活起居嚴格要求，並依照大陸叢林傳戒規矩，請授經阿闍黎陞座開示。除了由我及真華法師、煮雲法師擔任三師外，也禮請到海內外諸山長老，如月基、悟一、隆道、開證、竺摩、普浄、鏡盦、天恩法師等爲尊證阿闍黎和授經阿闍黎。戒會的殊勝、縝密，被譽爲歷來傳戒的模範戒會，此時日本臨濟宗浞蒲逸外管長一行人來山參觀。

過去這一年，也相繼舉辦了「盂蘭盆法會」、「冬季禪七共修法會」、「蔣公逝世兩週年紀念法會」、「冬令救濟」等，這些不論是爲世界祈禳，爲民衆祈福，或提供大衆修身養性的法會活動，都是希望藉著大衆的力量，讓慈悲徧十方，讓智慧傳法界。

佛光山因爲有大家發心的護持，始能日益成長茁壯；十年來，我們透過文化、教育、慈善各方面，弘揚佛法，庇蔭有情。在去年三月舉行的信徒大會上，我特別以人、事、道三方面，向大家介紹佛光山，一來讓大家瞭解我們所推展的佛教事業，二來加强彼此的信仰，互通友誼。

佛教之間的互動與融和，也有了更進一步的發展。爲促進中日兩國佛教與民間的友誼，「中國佛教會」安排我與聖印法師、慈惠法師等人前往日本，訪問全日本的佛教會及各大宗派寺院，並參加「中日佛教關係促進會」成立四週年紀念大會；九月，慈莊法師也率領「日韓佛教訪問團」前往日韓訪問。此外，「中華佛教居士會」與日本靈友會，在我與丹羽廉芳禪師、中島秀次先生等人的介紹下，締結爲姊妹會。

另外，去年有日本曹洞宗永平寺副貫丹羽廉芳，以及日本臨濟宗浞蒲逸外管長率團來山；英國國會議員羅伯茲、法爾、懷特等一行人來山訪問；「國防部政戰部主任」王昇先生、「警備總部」徐文雋先生一行人也來山拜訪。其他，尚有巴西聖保羅大學四維教授、美國潘沙拉克市柏克斯市長、日本國際部長鐮田良昭先生以及大正大學校長、「行政院長」的三公子蔣孝勇先生、臺南太子龍紡織公司董事長吳修齊先生，都相繼來山參訪，可謂諸善上人雲集一方，呈現一派祥和、清浄的極樂勝境。值得一提的是，九月，東加王國杜包四世之皇后，由何應欽將軍之千金陪同蒞臨佛光山，其表示，在佛光山看到了佛教的興盛，以及社會的進步，由此足見臺灣民衆精神生活的充實。

近年來佛教日漸蓬勃發展，渴望汲取法水甘露的人也與日俱增。昨年十一月，應臺北佛教界之邀，在臺北中山堂舉行爲期三天的佛學講座，我想應該讓大家對佛教各宗派有更深入的瞭解，因此以「從佛教各宗各派説到各種修持的方法」爲題進行講説，由慈惠法師閩南語翻譯。首日開講前，由佛光山男衆唱頌「鐘聲偈」，及巴厘文三皈依、懺悔發願偈，梵音繚繞，令全場大衆感動不已。

屏東佛教界舉行弘法大會，我亦應邀前往演説「如何建立幸福的人生」及「如何發展人性的光輝」。爲因

應時代的需求，讓佛法更容易爲人接受，講座當中，也安排「中國佛教研究院」及普門中學學生演唱佛教聖歌，並搭配幻燈片的播放，反應良好，回響熱烈。

另外，弟子們開始著手整理我多年來的講演紀實，編輯成「講演集」，不久應能付梓刊行。佛光出版社於元月出版的《佛教聖歌集》，意將佛教歌曲推廣出去，再創作、再發揮，期使歌聲傳於三千界內，佛法揚於萬億國中。爲方便佛教界彼此聯絡，讓大衆能認識各寺院道場，第一本詳載臺灣寺院庵堂的精裝書《臺灣佛教寺院庵堂總録》於焉出版問世。感謝華宇出版社的朱蔣元、朱其昌父子，歷盡千心萬苦，耗費兩年的時間，多次環島訪查，纔能完成此書，更功成不居地交給佛光山出版社發行，爲臺灣佛教留下了非凡的歷史。

我認爲以文化弘法無遠弗屆，影響更深。《覺世》旬刊自接辦以來，已逾十五載。四月，再增刊發行《覺世》雜誌版，每月出刊一期，內容更多、更廣、更深，希望與旬刊携手並進，分別滿足不同讀者的需求。相信以這兩份刊物爲橋樑，可以接引廣大信衆入佛門，也能讓他們進一步瞭解佛法義理。

七月，於彰化福山寺成立「佛光大藏經編修委員會」，集學者數十人，從事大藏經的整理彙編，採各版藏經，作文字校勘、全經考訂，重新標點分段，以及名相的釋義、經題的解説等，讓經典切合時代的需要，更現代化、普偏化，不致令人望經浩嘆。

回首過往的同時，我深深感到，縱使文化工作寂寞、艱辛，若能有助於佛法的延續與流傳，給予大衆精神的食糧、佛法的滋潤，我亦樂此不疲！

出版經典、書籍，讓佛法流傳千古，人才更維繫著佛法命脈的興衰與斷續。因此，我一直致力佛教的教育事業，期能培育出更多佛門龍象，將來都能傳燈三千，宣揚佛法於國際。去年八月，佛光山「中國佛教研究院」與美國東方大學締結爲姐妹學校，這對東西文化的溝通、學術的交流，展開了新的一頁；對中美人民的友誼，民間的交往，加深了彼此的關係。佛學教育也因應客觀環境需求，將「叢林大學」更名爲「中國佛教研究院」，並依序設有「研究部」、「專修部」、「東方佛教學院高級班及初級班」，希望藉由更完善的學制，提升學生素質，奠定深厚的佛學基礎。

七月，接辦「私立正氣中學」，並自岡山遷校到佛光山，更名爲「私立普門高級中學」，由慈惠法師擔任首任校長。我以爲「普門」者，是普度衆生之門，是觀世音菩薩慈悲精神的弘揚；是普爲社會大衆之門，是孔子有教無類理想的實踐。所以，普門中學是以佛教慈悲濟世的精神，來造就五育健全、品學兼優的青年。

年初，爲了增進各佛教學院之間的聯誼及觀摩，在臺中萬佛寺舉行「中國佛教會教育團體聯誼會會議」。會議中，通過了組織章程，並推選我及悟明、隆道、成一、聖印法師等九人爲委員，成立委員會，也蒙大家厚愛，公推我爲主任委員。未來將加强佛教教團間的聯繫與合作，更希望能爲佛教教育事業争取適當的地位。

有鑒於佛教僧團的組織及教育亟待提升，七月中旬，佛光山邀請臺灣各寺院住持、監院及重要執事，舉辦首届「僧伽講習會」。但願能爲僧團的凝聚力及僧才的培育，略盡綿薄之力。

一九七八年，標誌著佛光山已走過十個寒暑。十載時光，一片麻竹荒山已然殿宇輝煌，一隅偏居已漸漸邁向世界；十載時光，多蒙大家護持，感謝衆緣的成就。未來，也讓我們共同爲佛教齊心努力，爲有情執起一盞盞明燈，讓人間處處都是浄土。耑此　順頌

諸事有成

福慧無量

星雲　合十

一九七八年元旦

一九七九年新春告白

各位護法、朋友們：新春平安吉祥，四時如意！

寒暑推移，轉瞬間又過了一年。眼見大地一派新氣象，我不禁自問，心地是否也能「寒隨一夜去，春隨五更來」呢？

去年，就在臘月殘冬時節，美國宣佈與臺「斷交」，島内上下一片激昂憤慨。爲此，我也日夜憂心焦慮，身爲出家人、佛教徒，面對當前的處境，究竟能做些什麼？應該做些什麼？

因此，我以《以六度精神來荷擔憂患，開拓未來》爲題，發表一封給佛教徒的公開信，信中提出：「以佈施的精神來奉獻社會，以禪定的境界來應付變局，以忍辱的心態來荷擔憂患，以持戒的風範來恪遵律法，以精進的行動來護持政府，以般若的智慧去開拓未來」六點，爲目前的形勢作一些建言。

也分別在基隆中正堂及政治大學，以「讀書、信仰、報國」爲題，發表演説；於佛光山臺北別院舉行「佛教人士自强座談會」；於臺北中山堂舉行「自强弘法大會」；並在接受「中華電視臺」採訪時，提出：不一定靠外援纔能生存、靠自己的信心力量，肯定自己、同心協力等意見，以鼓舞島内同胞發揮「莊敬自强，處變不驚」的熱忱！

此外，還率領佛光山僧俗二衆行脚托鉢，將募得款項悉數作爲社會捐款及冬令救濟之用；佛光山佛教學院及普門中學全體師生，也展開捐獻等一系列活動。

此刻，佛教徒更應勤於修行，以道德化育社會風氣，並積極協助政府安定社會民心。我認爲社會不是靠誰的肯定而存在，是靠民衆的團結而强盛的。瞻望未來，祈望大家都能虔心自修，同心同德，齊心發展！

「佛教需要青年，青年需要佛教」，爲了組織佛教青年來從事弘法利生的事業，並配合當局的需求，給予適當的指導，共同奮鬥。十一月，我聯絡開證、靈根、宏印諸位法師，及李中和、王金平等人發起籌組「中國佛教青年會」，有全臺各界代表八十餘人，正式具文向「内政部」提出申請。「中國佛教青年會」將以服務、興教、救世爲工作目標，這是因應當前社會的需要，也符合青年對佛教的渴求，我想它的成立應能爲佛教未來的歷史揭開新頁。

憶及早年在宜蘭雷音寺時，我辦了各種接引青年的活動，如組織佛教歌詠隊，設立學生會、青年弘法團，帶領佛教青年到各地弘法，乃至代表「中華佛教文化館」，爲宣傳影印大藏經的環島佈教宣傳。日後這些青年，如慈惠、慈容、慈嘉等人，紛紛皈依佛門，更成了佛教界的翹楚。一九六九年，我爲了接引大專青年學佛，舉辦大專青年學佛營，欣慰的是，當中也有一些青年由此和佛教結了緣，如吴怡教授、張尚德教授、王尚義先生等人。佛教也因爲有這些青年的帶動，而能創造新局、走向新時代。

在發揮道場功能，及文化、教育推展上，雷音寺在一九六三年時遭「歐珀」颱風毀損，經十多年的籌款、重建，終於修建完成，並於十月舉行重建落成典禮。現任住持心平法師，也是當初的青年之一，他年輕有爲，一心以弘法爲己任，相信由他擔任住持，應能爲宜蘭地區的佛教作出貢獻。

爲了北部地區的佛教信徒，能就近參加佛教活動、接觸佛法，因而設立佛光山臺北別院。感謝十方信施的護持，臺北別院終於在三月落成啓用，由慈莊法師擔任住持。啓用之初，即舉辦一系列弘法活動，如佛光念佛會、佛學研討、佛教文化講座等活動。五月，爲促進佛學研究風氣，於臺北別院成立「佛學研討會」，開辦至今，邀請到楊白衣、藍吉富、楊政河、游祥洲、楊惠南教授等人，作專題演講。二月，佛光出版社在臺北火車站前廣場大廈九樓開設第一所佛光書局，以方便大衆就近購買佛教書籍。

在教育方面，三月，「中國佛教研究院」遷往臺北開課，由藍吉富教授擔任主任。另外，我們邀請日本原始佛教學泰斗水野弘元教授，先後在佛光山及臺北別院、臺灣大學、文化學院等地，作佛教學術專題演講及座談會，也邀請到日本佛教大學文化研究所所長惠谷隆戒教授、臺灣哲學家牟宗三先生、香港佛教學者霍韜晦教授作專題演講。日本佛教大學佛教通信教育部臺灣區也在佛光山開學授課。

「爲學要如金字塔，要能博大要能高」，這種種安排，無不希望能充實青年學子的佛學內涵，使其養深積厚，日後能爲佛教發光發亮。

這一年，佛教出版界更是佳音頻傳。爲了讓信徒對佛門朝暮課誦有深刻的認識，佛教梵唄能普及流傳，佛光山「中國佛教研究院」研究部學生録製《佛教梵唄大全録音帶》，並於十月正式發行；新文豐出版公司推出《宋藏遺珍》六册；大乘文化出版所出版的《現代佛教學術叢刊》，也已出版四十餘册了。

在國際往來及弘法上，首先要向大家報告的是，去年六月，慈莊、依航至洛杉磯準備佛教道場的籌建事宜，我隨後於七月底前往勘察。經過一番評估後，決定買下位於梅屋（Maywood）的一間基督教堂，作爲在美國的第一座道場，我將之命名爲「白塔寺」。訪美期間，我也應東方大學校長天恩博士之邀，以「禪學」爲題，作一場演講，並至越南寺講説中越兩國在歷史、文化及佛教上的關係。

此次西行弘法，承蒙東方大學頒贈榮譽哲學博士學位給我，更聘我爲該大學客座教授，心定法師爲講師。在普魯典博士、錫蘭毘雅蘭達、德國阿難達比丘等人的支持下，也成立了以推動國際佛教、促進世界佛教徒友誼爲宗旨的「國際佛教促進會」。同時接受印海法師、了知法師、文殊法師、超定法師的邀請，至各寺參觀訪問。

三月中旬，在臺北別院召開「中日佛教關係促進會五週年大會」，由丹羽廉芳禪師與我共同主持，與會貴賓有聖印法師、佛教居士會李謇先生、韓國白岡法師、日本中島先生等人，會上大家達成往後密切聯繫、加強溝通瞭解的共識。日本大正大學校長中村康隆伉儷，應「教育部」的邀請來臺訪問，期間也到佛光山「中國佛教研究院」參觀，並爲全院師生作了一場演講。

此外，還有世界佛教徒友誼總務長麻布照海先生、日本大阪佛教會本願寺佈教使横川章應、東方界出版社佛教訪問團團長牧井重昭，及日本各大學教授、學者組成的「東方界」會員，泰國副僧王頌緑柏提拉然目尼率領的「泰國佛教訪問團」、泰國國際通訊社、法國佛教會會長禪定法師、新加坡世界友誼會畢俊輝等人，蒞臨佛光山訪問。

國畫大師張大千伉儷也在煙花三月間，來山禮佛，同時與「中國佛教研究院」師生進行座談，並贈送一幅親繪的「一花一世界」，作爲紀念。五月底，蔣經國先生在「中央通訊社社長」魏景蒙先生陪同下，第四度到佛光山。蔣先生對佛光山莊嚴宏偉的建築及僧伽教育表示讚賞。除此之外，「行政院内政部長」邱創煥伉儷、國民黨元老何應欽先生、世界長跑小將蒲仲強，還有「救國團總團部引導中美營知識研習會」、僑校教師研習會、臺南縣政府職員等，皆相繼到佛光山禮佛、參訪。

日本東京大學文學博士岸成邊雄先生，爲拍攝完整的《佛教儀規》影片而來佛光山；五月，香港第一影業公司亦在佛光山拍攝「新白蛇傳」的外景。

去年十月，首次在臺北「中山紀念館」舉行爲期三天的佛學講座。這次的講座我以「生活與信仰」、「生活與道德」、「生活與修持」爲題，爲大家指引一條光明、平坦的人生大道。「中國佛教會」常務理事悟明法師在講座首日致開幕詞，胡秀卿女士、游祥洲先生、葉政行先生擔任司儀，同時爲讓更多人同沾法益，也應大衆的要求，由慈惠法師擔任閩南語翻譯。

講座前，更有佛光山歷屆大專佛學夏令營學員的「獻詩」節目，以及由慈容法師擔任指揮，普門服務隊、在教育方面，三月，「中國佛教研究院」遷往臺北開課，由藍吉富教授擔任主任。另外，我們邀請日本原始佛教學泰斗水野弘元教授，先後在佛光山及臺北別院、臺灣大學、文化學院等地，作佛教學術專題演講及座談會。也邀請到日本佛教大學文化研究所所長惠谷隆戒教授、臺灣哲學家牟宗三先生、香港佛教學者霍韜晦教授作專題演講。日本佛教大學佛教通信教育部臺灣區也在佛光山開學授課。

「為學要如金字塔，要能博大要能高」，這種安排，無不希望能充實青年學子的佛學內涵，使其養深積厚，日後能為佛教發光發亮。

這一年，佛教出版界更是佳音頻傳。為了讓信徒對佛門朝暮課誦有深刻的認識，佛教梵唄能普及流傳，佛光山「中國佛教研究院」研究部學生錄製《佛教梵唄大全錄音帶》，並於十月正式發行；新文豐出版公司推出《卍藏遺珍》六冊；大乘文化出版社所出版的《現代佛教學術叢刊》，也已出版四十餘冊了。

在國際往來交流上，首先要向大家報告的是，去年六月，慈莊、依航至洛杉磯籌備佛教道場的籌建事宜。我隨後於七月底前往勘察。經過一番評估後，決定買下位於美屋（Maywood）的一間基督教堂，作為在美國的第一座道場。我將之命名為「白塔寺」。訪美期間，我也應東方大學校長天恩博士之邀，以「禪學」為題，作一場演講，並至越南寺講說中越兩國在歷史、文化及佛教上的關係。

此次西行弘法，承蒙東方大學頒贈榮譽哲學博士學位給我，更聘我為該大學客座教授，心定法師為講師。在普啟典博士、錫蘭因維蘭達、德國阿難達比丘等人的支持下，也成立了以推動國際佛教，促進世界佛教徒友誼為宗旨的「國際佛教促進會」。同時接受印海法師、了知法師、文殊法師、超定法師的邀請，至各寺參觀訪問。

三月中旬，在臺北別院召開「中日佛教關係促進會五週年大會」，由丹羽廉芳禪師與我共同主持，與會貴賓有聖印法師、佛教居士會李騫先生、韓國白岡法師、日本中島先生等人，會上大家達成往後密切聯繫、加強溝通瞭解的共識。日本大正大學校長中村康隆伉儷，應「教育部」的邀請來臺訪問，期間也到佛光山「中國佛教研究院」參觀，並為全院師生作了一場演講。

此外，還有世界佛教徒友誼會總務長麻布照海先生、日本大阪佛教會本願寺布教使橫川章應、東方界出版社佛教訪問團團長牧井重昭，及日本各大學教授、學者組成的「東方界」會員，泰國副僧王頌綠柏提拉然目尼率領的「泰國佛教訪問團」、泰國國際通訊社、法國佛教會會長禪定法師、新加坡世界友誼會畢俊輝等人，蒞臨佛光山訪問。

國畫大師張大千伉儷也在煙花三月間，來山禮佛，同時與「中國佛教研究院」師生進行座談，並贈送一幅親繪的「一花一世界」，作為紀念。五月底，蔣經國先生在「中央通訊社社長」魏景蒙先生陪同下，第四度到佛光山。蔣先生對佛光山莊嚴宏偉的建築及僧伽教育表示讚賞。除此之外，「行政院內政部長」邱創煥伉儷、國民黨元老何應欽先生、世界長跑小將蒲仲強，還有「救國團總團部引導中美營知識研習會」、僑校教師研習會、臺南縣政府職員等，皆相繼到佛光山禮佛、參訪。

日本東京大學文學博士岸成邊雄先生，為拍攝完整的《佛教儀規》影片而來佛光山；五月，香港第一影業公司亦在佛光山拍攝「新白蛇傳」的外景。

去年十月，首次在臺北「中山紀念館」舉行為期三天的佛學講座。這次的講座我以「生活與信仰」、「生活與道德」、「生活與修持」為題，為大家指引一條光明、平坦的人生大道。「中國佛教會」常務理事悟明法師在講座首日致開幕詞，胡秀卿女士、游祥洲先生、萊政行先生擔任司儀，同時為讓更多人同沾法益，也應大眾的要求，由慈惠法師擔任閩南語翻譯。

講座前，更有佛光山歷屆大專佛學夏令營學員的「獻詩」節目，以及由慈容法師擔任指揮，普門服務隊、能仁學會及佛光佛學研討會等團體演唱的三寶歌，佛光山「中國佛教研究院」同學的梵唄讚頌，李中和、蕭滬音等合唱團及普門中學學生演唱的佛教歌曲等節目。希望藉由講座及各項節目的結合，讓社會大衆感受到佛法的平實與佛教的現代化。

攬筆至此，心中有一些感想：一九七八年，我們雖然歷經動蕩的時局，但仍有固若磐石的信心，堅持走過風雨飄搖時節；一九七八年，我們走向世界，讓佛法弘揚有了新氣象；更加強了國際的往來及佛學教育的深度，讓佛教的種子徧佈更廣。

今值新歲，古有應景詩說道：「不除今夕除何夕？纔過新年又舊年。」光陰似水，日月涓滴不息，我們唯有放大視野，向前邁進，纔能跨越小格局，擁抱全世界。祈求三寶慈光加被

國家富强

人民安樂

星雲　合十

一九七九年元旦

一九八〇年新春告白

各位護法、朋友們：福慧增長，吉祥萬福！

客歲已過，新歲又來。就在歲月新舊交替前夕，我率領佛教史上陣容最龐大的「臺灣佛光山印度朝聖團」前往佛教的發源地，朝禮聖跡。二十一天的時間，我們一行近兩百人，除了朝禮印度菩提伽耶、藍毘尼園、拘尸羅城、王舍城、鹿野苑、泰姬瑪哈陵等地，也走訪了泰國的佛教寺院，進行一次成功的佛教交流和國民交流。

印度的觀光事業並不發達，衛生條件也不好，在「困難重重」中，我們仍然無畏無懼，包了兩架專機，載滿賑濟當地貧民的糧食、衣物、毛毯，及中國佛教的資料、書籍、佛像，與當地人結緣。最難得的是團員們個個歡喜愉快，健康無病，也能夠在巡禮佛陀聖跡中，升華自身的精神與道念。

走上國際之餘，去年也有一些國際、社會團體到佛光山進行訪問、交流，如全球華僑代表一行六百多位僑胞，在「僑務委員會委員長」毛松年先生率領下到佛光山參訪，是當局有關單位首次正式行文率領全球僑胞代表參觀佛教道場；國際青年夏令營學術研習會成員，在「救國團」總團部王贊禹先生陪同下，到佛光山研究佛教與中國文化藝術的關係。

另有國際宗教聯盟會會長素查爾等人，自泰國來佛光山請領聖土回國奠基；日本駒澤大學佐藤達泉教授、日本東京大學鎌田茂雄教授，分別到佛光山研究中國佛教寺院生活及儀禮；教廷「非基督徒」秘書處秘書長羅沙諾博士，也在年底到佛光山考察佛教的宗教教育；「中國電視公司」「挑戰」節目爲介紹佛光山，來山拍攝影片，並訪問我創寺緣起與經歷，同時舉行一場籃球友誼賽。

馬泰佛教親善訪問團、日本日蓮宗親善訪問團、菲律賓總理馬可仕夫人領導的國家舞蹈團、阿根廷員警總監沙夏英少將夫人瑪琍亞女士、高雄醫學院學生、大專院校文藝學科教學研討會成員、「國策顧問」黃季陸先生、「新聞局」宋楚瑜先生等人，也接踵而至，來山進行訪問。

佛教的蓬勃發展，令當局意識到訂定符合現代社會需要之宗教法令的重要性。爲此，「政務委員」高玉樹先生、「内政部」民政科彭添乾科長等人，及「立法院内政委員會」所組成的宗教考察團，相繼到佛光山進行考察，瞭解佛教發展的實際情況，以作爲宗教立法的參考。在接受高政務委員訪問時，我針對寺廟管理人、信徒資格，及佛教學院和學生資格等問題，提出個人的淺見，希望能爲宗教立法作出一些實質的貢獻。

四月，蔣經國先生約見我及隆道、悟明、成一、聖印法師等佛教界代表，約談中，蔣先生相當認同佛教的社會價值，詢問寺廟分佈狀況及弘法情形，並且就宗教和社會各方面的關係交換意見，足見現今佛教的發展和進步，已備受當局矚目與重視了。

教育推展上，「中國佛教研究院」專修部新開設「佛教行政科」，以教授各種弘法業務爲主，承蒙「省政府民政廳」第一科科長劉寧顏先生，首先爲學生講授「宗教相關法令」。其他尚有寺院行政、佛教佈教法、佛教應用文牘等課程。此外，我也請到北城烹飪講習班余昭德先生教授烹飪，希望厚實弘法資糧，培養僧衆成爲允文允武的大器；我一向注重教學觀摩與交流，因此與「中國内學院」院長慧嶽法師達成共識，兩院聯合舉辦一場佛學研討會，首開佛學研究交流的風氣。

兩年前接辦的普門中學，由於學生人數持續增加，因此擴建「普中生活大樓」，於八月正式啓用。去年初，弟子依空不負衆望，考取日本東京大學印度哲學研究所，成爲第一位考取該研究所的外國比丘尼。

此外，除了繼續舉辦「大專佛學夏令營」外，更於八月首創「佛教兒童夏令營」，在輕鬆又富教育意義的課程和活動中，將善美的佛法種子，深植幼小心靈，相信對他們未來的人生，會有正面的影響；也成立了「婦

女法座會」，希望由婦女擴及整個家庭，人人都能有正確積極的人生觀。

夏令營期間，獲悉弟子慧和法師往生的消息，我趕到宜蘭爲他主持三時繫念及告別式，感謝他一生奉獻佛教。慧和法師俗名李決和，是西來寺住持慈莊法師的父親。早年即是緣於他專程到臺北邀請我到宜蘭雷音寺弘法，而展開在臺灣的弘法事業。他一生對於佛教事業，諸如慈愛幼稚園、宜蘭念佛會、佛教兒童星期學校、蘭陽仁愛之家等，無不盡心竭力、爲教忘軀，其心其德教人甚爲懷念！

文化發展的領域上，也有一些小小成就：昨年，弟子們將我過去弘法講演記録編輯成的講演集，於三月正式出版；《普門》雜誌也於十月創刊問世，由慈惠法師擔任發行人，祈望透過這本「雅俗共賞，老少咸宜」的雜誌，將佛法以淺顯、優美的文字表現出來；十一月，溝通佛光山各別分院的《佛光通訊》創刊，並出版一萬套的佛光山風景明信片。目前佛光出版社更積極籌編《佛教辭典》，期望將來能爲佛學研究提供更廣泛充實的資料。

九月起，由佛光山製作的電視弘法節目「甘露」，每週一次，在「中華電視公司」播出，首開佛教電視弘法先例。由於此節目主題正確，處處勸人爲善，對净化人心，移風易俗，大有助益。而於十一月，同時榮獲「行政院新聞局」以及「教育部」頒發的「社會教育建設金鐘獎」、「社會教育貢獻獎」。十二月再推出「金山活佛」連續劇，佛教弘法由此走上電視，邁向新里程。感謝大家對佛教節目的支援與愛護，謹在此表達我由衷的敬意與謝忱，祈求「楊枝一滴真甘露，灑得山河大地春」，佛法甘露滋潤萬千心靈！

佛光山臺北別院爲慶祝佛誕節，把我撰寫的小説《玉琳國師》改編成「萬金和尚」話劇，四月初，首次在臺北藝術館公演四天，也得到熱烈回響。

繼前年一系列活動後，去年初，我們在臺北「中山紀念館」舉行「佛教梵唄音樂會」，爲佛教弘法寫下新的篇章；佛光山宗務委員會也一齊響應捐獻，集資一百萬元。七月，「中央日報」記者陸震廷先生至佛光山爲大專佛學夏令營學員，講説「從索忍尼辛在『哈佛』演講看中美斷交」。

七月，「中國佛教會」首次組團訪問美國，希望能達成教界的團結。自從一九七八年十二月後，人心動蕩不安，社會大衆深切感受到佛法的重要，在熱切的渴求中，各界的演講邀約不斷，我也積極四處講演，願盡一己之力，給大衆豐實的精神資糧。除了在佛光山臺北別院講説《般若心經》八天，也先後應邀至鳳山「中山紀念館」，及各大專院校等處演講。另外，去年在臺北「中山紀念館」，我以「佛陀的宗教體驗」、「阿羅漢的宗教體驗」、「菩薩的宗教體驗」爲題，作三場佛學講座。

回憶昨年，深覺衆緣成就的微妙與不思議。一九七九年，在大家的共同努力下，創下許多「佛教的第一」，諸如首届「佛教兒童夏令營」、第一個佛教電視節目、中國佛教有史以來最大的印度朝聖團等等事跡。多年來，佛光山本著「十方來十方去，共成十方事；萬人施萬人捨，同結萬人緣」的精神，於紅塵場中作道場，願人間和諧安樂，未來我們將續振法鼓，大破衆生迷夢。

最後要向大家預告，今年春節，我們將啓建爲期一個月的平安燈法會，及「佛教故事電動花燈展」，將佛教故事透過花燈展現，讓大家在巧妙的設計當中領略佛法大意，歡迎大家届時蒞臨參觀。耑此　順頌

家家平安

户户吉祥

星雲　合十

一九八〇年元旦

一九八一年新春告白

各位護法、朋友們：大家新年好！

在年初之際，懷想過去一年，只覺往事歷歷在目。一九八〇年，我們開創了許多事，擴大了佛光山，也豐富了佛教的歷史；我們運用音樂及媒體，讓佛法弘傳的方式更多元、更現代。這樣精彩的一年，有很多事要向大家報告。

去年春節期間，爲響應當局迎接自强年活動，首度舉辦「佛教故事電動花燈展」欣賞會和「萬佛平安燈會」。「佛教故事電動花燈展」，是將佛教裏諸如天女散花、佛陀成道、戒殺放生、頑石點頭、達摩面壁等寓意深長的故事，製作成花燈展示，以達到社會教化的功能。同時展出三千盞平安燈，祈求檀那信施皆幸福，世界大衆得平安。

展出期間，吸引百萬餘人前來觀賞，人潮可說是絡繹不絕，熱鬧非凡。這樣殊勝的景象，不但各個報紙紛紛報導，「中國電視公司」更特別拍製成紀録片，以饗大衆。這次的活動，承蒙高雄壽山寺念佛會、臺北佛光別院信衆、順成建材行，以及潘孝鋭、李南忠居士等人，大力贊助；祈願佛恩加被，護法檀那皆安樂！

二月初，首度實行封山。這半個月的時間，佛光山所有僧衆閉關靜修，沈潛學習。除了日常功課外，每晚安排有共修時間，由我親自指導徒衆各種修持法門。我認爲一個弘法者，唯有精進於自我修持，在度衆上，纔有源源不絕的力量與資糧。相信利用這段封山期間的精進用功，對他們的修持及内學，必然有相當的助益。

去年三月召開的信徒會員大會，首創萬人朝山禮佛，締造了佛光山十四年來最爲殊勝、熱鬧的朝山景況。當天，全山迴蕩著宏亮的佛號聲，蜿蜒在寧靜的靈山勝地，震攝不少觀光遊客在旁虔誠合掌，或融入參與其中。

在教育事業上，也有幾件事情要向大家報告：去年六月，當局在政策上，決定將現有宗教教義研修機構，納入教育行政系統管理，「教育部」也將修訂大學法及私立學校法等相關教育法令，以便執行這項教育政策。五月間，我受「中國文化大學」校長張其昀先生之請，擔任華岡印度研究所所長，李志夫教授爲副所長，慈惠法師爲主任秘書，他也同時受聘爲「中國文化大學」日語系及哲學系專任講師。

第一屆正式招收十三名研究生，心定、依日、依淳等也都不負衆望，順利考上。這是島内第一所佛教研究所，相信將會是培養印度佛學及社會文化人才的搖籃。我也計畫讓弟子前往印度留學，並興辦佛教事業，一方面能對印度的學術發展及政治社會作更深入的研究，一方面也能成爲中印文化、教育的交流樞紐。

六月底，佛光山普門中學舉行首届畢業生畢業典禮。八月，普門中學幼保科爲了協助現代家庭教育，奠定幼兒學前基礎，再設立一所幼稚園。普門中學自一九七六年開辦至今，校務不斷增長，去年更榮獲教育廳頒發「軍訓成績優良獎」。此外，東方佛教學院也增設夜間部幼兒保育班，讓白天有工作但有志研習幼兒保育專門學業的人，有機會接受專業訓練。

另一方面，佛光山「中國佛教研究院」專修部新開設「法界圓覺科」，這是專門講述法界圓覺系統的課程，除了由我講授《大方廣圓覺修多羅了義經》外，另聘有慈惠、慈嘉、李志夫、徐景文、楊白衣、楊政河、唐亦男等人擔任教授。

也開設「佛教音樂科」，課程内容包括梵唄和法器、國樂演奏、作曲、現代佛教聖歌教唱等，師資上，延聘金嗓子李廣慈老師教授梵唄，還有名音樂家李中和居士、名聲樂家蕭滬音居士、名國樂指揮祈寶珍居士等人。開設「佛教音樂科」的緣由，是因爲佛教雖有梵唄，卻只限於殿堂中的早晚課誦。我希望藉由佛教聖歌將佛教音樂推入人間，用音樂接引青年，讓佛法透過音樂，而廣泛流傳。

為了使佛教音樂更大衆化、人間化，記得在一九七九年時，佛光山叢林學院突破傳統，首度在「中山紀念館」舉行「梵唄音樂會」，將傳統梵唄結合舞蹈、國樂，於「國家殿堂」呈現給世人欣賞。一九五四年，宜蘭念佛會曾油印過「佛教歌集」，後來歌詠隊隊員楊錫銘、周廣猷將歌讚重寫、補充，由佛教文化服務處影印發行；去年更進一步搜集增補，集成《佛教聖歌集》，交由佛光出版社印行流通。

去年，我也為「信心門」節目作詞，李中和居士譜曲；另外，在披荆斬棘間，完成了「佛光山之歌」，並由臺北工專吴居徹教授作曲。歌詞裏，描繪出佛光山的景致、內涵，也包含了我對佛教的理想、遠見、抱負和宏願；這是佛教第一首表現寺院精神的歌曲。

我希望對於唱者、聽者，都能達到「樂聲所至，不言而化」的教化作用。

運用電視媒體弘法，也是一項利器。繼前年在藝術館演出《萬金和尚》，及在「華視」播出的「甘露」節目之後，去年九月，由佛光山電視弘法委員會提供，周志敏小姐製作的社教節目「信心門」，在「中國電視公司」播出，這是佛教第二個電視弘法節目。據電視公司的調查，每期收看「信心門」節目的觀衆達一百萬人，顯見「信心門」對淨化社會、教化人心的影響力。

除了電視弘法，至各地講演弘法亦是不可少的。在國民黨高雄縣委員會區級訓練工作委員會研習會上，我講說「人生當如何自强」；應逢甲理工學院之請，講說「如何開展大乘佛教的精神」；應高雄師範學院之邀，講説「佛教空慧學」；瀛海中學邀我講說「現代青年應有的道德觀」；於宜蘭佛教弘法大會上，以「宗教界對自强應有的認識」為題，進行講演。

年底，在臺北「中山紀念館」舉行三天佛學講座，講題分別為「從人的過去現在到未來」、「從心的動態到心的靜態」、「從世界的起源到世界還滅」。除此，我與慈容、慈怡、心定法師等人，也應毘盧寺之邀，為該寺舉辦「佛教佈教人員講習班」的學員授課。

現今社會青少年犯案、吸毒、結黨等問題層出不窮，在青少年的教育與輔導上實亟待加强。五月，「中國文化大學」潘維和校長，及李志夫教授即針對「作育青年」一題，與我交換意見。為了輔導兒童及青少年的品德、生活，佛光山也定期舉辦「兒童夏令營」、「大專佛學夏令營」等端正身心的短期進修，去年更針對青少年羣族，首辦了「青少年冬令營」，希望這種種活動，讓兒童、少年、青年，都能從佛法熏陶、課程安排中，建立正確的人生觀。為了讓平時忙於家務的婦女也能夠接觸佛學，我們更成立「媽媽夏令營」，提供婦女朋友一個求知的因緣。

在這樣一個快速變遷的時代，我們必須抱持開放的態度，纔能與世界共同脈動，因此，宗教間的融和與溝通更形重要。去年四月，臺灣「輔仁大學」校長羅光總主教蒞臨佛光山，與我暢談「世界各個不同宗教的情況」及「如何促進世界各宗教間聯誼」等問題。我認為宗教間應相互往來，儘管教主、教義不同，但都是在為人間的善美與和平而努力，唯有異中求同，同中存異，互尊互重，纔能增進彼此的和諧，促進世界的和平。

此外，鏡盦法師率領的佛教青年訪問團，遠從馬來西亞至佛光山參訪，並就「怎樣辦好佛教青年團體」一題，與「中國佛教研究院」師生進行座談；印度華僑總會會長葉幹中，率領加爾各答培梅中學教務主任等人，至佛光山共商弘揚中華文化於印度的計畫。

另有聖印法師帶領的「中華佛學院」學生一行人、「立法院外交委員會」交通考察團、國際哲學會議成員、美國中華文化暑期研究會成員、法國靜心禪寺明禮法師、越南旅居法國摩拿帝寺住持玄微法師、戰略顧問何應欽先生、劉玉章先生、張國英先生等，以及斯里蘭卡捐贈眼球助盲的哈申西華眼科醫師伉儷、泰國移民局官員等人，相繼到佛光山參訪、交流。

去年，爲紀念一九七九年印度朝聖，而發行佛教界第一套書籤及月曆；佛光出版社也陸續有《淨土十要》、《念佛四大要訣》、新標點《緇門崇行録》及《佛説稻芉經》等書籍出版。還有，佛光大藏經編修委員會遷至彰化福山寺，並成立「藏經編輯部」，往後將致力於「佛光大藏經」、「佛光大辭典」的編修工作，將經典重新分段、標點、彙整、校勘，以平實易懂的面貌呈現。

佛光山海外首座道場美國別院「白塔寺」，於六月舉行道場啓用暨佛像開光典禮。這是一所教堂改建而成的佛堂，由慈莊法師擔任首任主持，並成立第一個由佛教團體創辦的「佛光山白塔寺中華學校」，使當地華人子弟能夠學習固有的傳統文化。白塔寺的落成，標誌著佛光山邁向國際化的第一步，相信未來佛法終能弘揚五大洲，佛光普照滿人間。

人生有來去，四季有更迭，世間所有事物，不會因爲我們的留戀而停駐，卻會因爲我們的積極、勤奮而精彩；縱然歲月不居，希望卻不會老朽。於此年歲交替之際，祝福大家

日日好時節

歲歲都平安

星雲　合十

一九八一年元旦

一九八二年新春告白

各位護法、朋友們：大家好！

送走了一九八一年，一九八二年的到來，已是佛光山開山十五週年了。

我一向非常注意佛光山的組織和僧伽教育，因此在佛光山宗委會下，設立了「五堂」、「二會」，作爲佛光山初步的組織架構。所謂「五堂」是：宗務堂、教育堂、文化堂、慈善堂、福利堂，「二會」是「計畫工作會」及「策進工作會」。並且以「以文化弘揚佛法，以教育培養人才、以慈善福利社會、以共修淨化人心」，作爲弘法的四大宗旨。當然，佛光山的發展，「五堂」、「二會」不能概括未來的一切，只有逐步的修正了。

除了制度之外，我在僧伽升等上，也作了一些修訂。我建立僧信兩衆序列等級評定制度，僧衆列清淨士（六年）、學士（十二年）、修士（九年）、開士（十五年）、大師等序級，依其事業、道業、學業的表現，作爲各階段級別的評鑑標準，正常的話，四十二年可能升任到大師。

我非常重視僧衆的教育，從過去的「壽山佛學院」、「東方佛教學院」，到現在改爲「中國佛教研究院」，學生已有三百餘名，爲了加强宗門思想，我特地集合大家在懷恩堂，講授「怎樣做個佛光人」，一共五講，內容是：

第一講：佛光人是常住第一，自己第二；
佛光人是大衆第一，自己第二；
佛光人是事業第一，自己第二；
佛光人是佛教第一，自己第二。

第二講：佛光人要先入世後出世；
佛光人要先度生後度死；
佛光人要先生活後生死；
佛光人要先縮小後擴大。

第三講：佛光人不私收徒衆；
佛光人不私蓄金錢；
佛光人不私建道場；
佛光人不私交信者。

第四講：佛光人不私自募緣；
佛光人不私自請托；
佛光人不私置産業；
佛光人不私造飲食。

第五講：佛光人要有宗教情操；
佛光人要有因果觀念；
佛光人要有慚恥美德；
佛光人要有容人雅量。

因爲時間限制，五講之後，尚未完成的，只有以後再補充了。我們是集體創作的僧團，大家對佛光山的宗門思想、宗門戒律必須達成共識，方能長住久安。

一九八二年新春告白

各位護法、朋友們：大家好！

送走了一九八一年，一九八二年的到來，已是佛光山開山十五週年了。

我一向非常注意佛光山的組織和僧伽教育，因此在佛光山宗委會下，設立了「五堂」、「二會」，作為佛光山的組織架構。所謂「五堂」是：宗務堂、教育堂、文化堂、慈善堂、福利堂，「二會」是「計畫工作會」及「策進工作會」。並且以「以文化弘揚佛法，以教育培養人才，以慈善福利社會，以共修淨化人心」，作為弘法的四大宗旨。當然，佛光山的發展，「五堂」、「二會」不能概括未來的一切，只有逐步的修正了。

除了制度之外，我在僧伽升等上，也作了一些修訂。我建立僧信兩眾序列等級評定制度，僧眾列清淨士（六年）、學士（十二年）、修士（九年）、開士（十五年）、大師等序級，依其事業、道業、學業的表現，作為各階段級別的評鑒標準，正常的話，四十二年可能升任到大師。

我非常重視僧眾的教育，從過去的「壽山佛學院」、「東方佛教學院」，到現在改為「中國佛教研究院」，學生已有三百餘名。為了加強宗門思想，我特地集合大家在懷恩堂，講授「怎樣做個佛光人」，一共五講，內容是：

第一講：佛光人是常住第一，自己第二；
佛光人是大眾第一，自己第二；
佛光人是事業第一，自己第二；
佛光人是佛教第一，自己第二。

第二講：佛光人要先入世後出世；
佛光人要先度生後度死；
佛光人要先生活後生死；
佛光人要先縮小後擴大。

第三講：佛光人不私收徒眾；
佛光人不私蓄金錢；
佛光人不私建道場；
佛光人不私交信者。

第四講：佛光人不私自募緣；
佛光人不私自請托；
佛光人不私置產業；
佛光人不私造飲食。

第五講：佛光人要有宗教情操；
佛光人要有因果觀念；
佛光人要有慚恥美德；
佛光人要有容人雅量。

因為時間限制，五講之後，尚未完成的，只有以後再補充了。我們是集體創作的僧團，大家對佛光山的宗門思想，宗門戒律必須達成共識，方能長住久安。

由於山上人多，各種建設來不及增加，去年一月，把編藏處移到福山寺，由慈怡法師主持編務。二月間，施工十年的「淨土洞窟」終於完成，這是島內首座依佛典《阿彌陀經》極樂世界盛況所興建的教育場景。興建之初，有人說：「爲何不建閻羅十殿、十八層地獄，讓人有所警惕？」但我覺得，與其讓人心生恐懼不敢作壞事，不如建設極樂淨土，使人向往它的殊勝美好而行善積德，這不是更積極嗎？

佛光山的建設工程，從一九六七年五月十六日開始創建。我曾將工程計畫分爲四個時期，每期五年，預計二十年完成建設。第一期完成的包括：東方佛教學院院舍、圖書館、齋堂、大悲殿、觀音放生池、寶橋、香光亭、龍亭、開山紀念碑、彌勒佛聖像等。第二期完成有：頭山門、覺華園、果樂齋、西來泉、不二門、大慈育幼院、朝山會館、大智殿、接引大佛、佛光精舍等。

至今，除了完成上述工程，去年十二月，大雄寶殿落成，東西兩邊的迴廊建築，將之定名爲「東禪」、「西淨」。目前本山第三期工程的朝山會館別館、普門中學校舍、活動中心、環山道路、萬壽園、佛教文物陳列館，相繼完成後，就等著第四期工程的開展。加上臺北普門寺、高雄市普賢寺等，也都在積極施建中。另外，在善化也設立了「慧慈幼稚園」；受托接管的圓福寺，爲配合當局推動「發揚民衆道德、淨化社會人心」政策，舉辦國學研習班，並辦有都市佛學院；三月在佛光山召開的信徒會員大會，參加者近萬人。

十二月，佛光山慶祝大雄寶殿落成，同時傳授萬佛在家戒會以及「護法息災水陸法會」。大雄寶殿落成那一天，省「議長」高育仁先生和海內外教界許多人士均來參加此一盛會，加上各地來的信徒，一時竟達十萬人。「大雄寶殿」四個字，是國寶畫家張大千先生題款；還有「三湘才子」張劍芬先生題對聯：「兜率娑婆去來不動金剛座，琉璃安養左右同尊大法王。」殿內安置了兩座全世界最高的寶塔燈，高三十臺尺，計七十二層，鑲嵌有七千二百尊佛像的光明燈，代表佛法的智慧光明，能徧照人寰，爲世間帶來和平與希望。

經過多年倡導的「人間佛教」，也逐漸引起社會人士的重視。「立法院」唯一單身「立委」李天仁先生，於桃園縣林口竹林山寺舉行佛化婚禮，我與「立法院長」倪文亞一同爲他福證，在場人士都覺得典禮簡單莊嚴又隆重，「法務部長」李元簇先生還譽爲「模範婚禮」。

確實，正見的佛教，需要多加發揚，如本山一直在推動的「改良拜拜」。據「民政廳長」劉裕猷先生保守統計，全臺各寺院、宮廟，一年焚燒的紙箔費用高達四十億元。他呼籲各地的寺廟也能像佛光山，佛殿不設「金爐」，信徒參拜不必燒金紙，將省下來的款項，用在社會慈善公益事業，更是功德無量。

去年寺廟教堂的條例又再引起宗教界的重視。當局希望總名稱定爲「寺廟教堂管理辦法」或「宗教保護法」，而宗教界希望能訂定一個各宗教都能遵守的「宗教法」。因爲現在的宗教單位主管人員，沒有資格的限定，所以地方士紳、黑道紛紛把持寺廟管理人，引發許多「外行領導內行」的弊端。因此「內政部」也多次召開「佛道人士茶話會」、「宗教教義研修機構事宜」。

我認爲大家不必反對訂宗教法，只期盼各宗教都能平等共存。在「內政部」宗教教育座談會上，我也提出三點建議：一、認定佛學院畢業生資格；凡寺院住持、管理人，應有佛學院的畢業學歷。二、保障學生出路，以提高教育品質。三、應擬訂獎勵宗教教義研究機構辦法。

在八月供僧大會上，我提議訂定四月初八佛誕日爲「佛寶節」、十二月初八佛成道日爲「法寶節」、七月十五日爲「僧寶節」，獲得大衆的熱烈鼓掌贊同。

去年，也有許多友人來訪，讓我們感到：「有朋自遠方來，不亦樂乎！」例如，元月份有「外交部」駐大陸代表團二十七人專程訪問本山；三月間，諾貝爾獎審核人，也是美國柏克萊大學校長桑德士博士（Dr.Sauders）伉儷來山訪問，並對全山講演「藝術與自然的關係」。薩爾瓦多共和國執政黨主席杜華德夫人，及副主席古帝

耶雷斯夫人，也在四月來山禮佛。

此外，王永慶先生專程訪問佛光山，我們促膝長談三小時，他没談臺塑企業，我也没説佛光山，我們只是談社會醫療，以及眼角膜捐贈的問題。二月，蔣緯國將軍二度來佛光山禮佛；美國伊利諾大學馬爾文博士夫婦，在五月時來到佛光山訪問；歷史小説家高陽先生來山講説「歷史小説的寫法」；馬樹禮先生、謝東閔先生，以及何應欽將軍等，分别在六月、八月造訪佛光山；李登輝先生，也以基督教徒身份前來上香。

這一年，我在海内外大學作了多次的講演，除了美國的耶魯大學、康乃爾大學，我應政治作戰學校之邀，以「現代人生應有的觀念」爲題，呼籲全體預官學生知因果、明因緣，做一個有道德、有智慧又勇敢的現代軍人；應東海大學校長梅可望先生之請，擔任哲學系教授，並講説「中國禪宗之特質」；到「中國文化大學」講「佛教的真諦」、淡江大學講「從佛教的觀點看未來的世界」；十一月，在臺北「中山紀念館」講「佛教的財富觀」、「佛教的道德觀」、「佛教的未來觀」。凡此奔波講演，唯願甘露法水能潤澤衆生，皆得自在清涼。

所謂「靠山吃山，靠海吃海」，屏東山居的居民抗議當局，爲什麽靠海的漁民，可以捕捉時節的魚羣，甚至還給予獎勵，可是他們捕捉山鳥，卻是犯法？像臺灣南部恒春鎮，每年秋冬季，都有很多過路的飛鳥，如紅尾伯勞、灰面鷲等。靠山吃山，固然不合環保意識，對這些候鳥、魚羣，世界各國也有禁止濫捕的法令和海洋法規等。爲了保護這些「過客」不被濫捕濫殺，名作家張曉風教授發心倡印護生書籤八萬張，我也首先響應，在書籤上題字。

去年初，臺中慈明寺聖印法師帶領「中華佛學院」舉行畢業旅行，也前來佛光山與「中國佛教學院」、東方佛教學院交流聯誼。我認爲佛教各個寺院、佛學院，不能閉關自守、自立門派，應該經常聯誼、交流，纔能對佛教的發展、人才的培養有所助益。

國際之間的往來中，有一樁奇特的事，日本大野省三先生一家五口，護送千年樟木雕刻成的鯛魚來山。我們彼此素昧平生，大野先生也只是單純懷著對佛教的虔誠，依照夢中所示，雕刻一隻象徵吉祥的鯛魚，交給佛光山作爲鎮山之寶。

十二月的第三屆「世界佛教僧伽大會」，真是海會雲來集，有法國明禮法師、新加坡傳南法師、香港洗塵法師、覺光法師、越南的心珠上座、韓國義玄長老、印度聖雄法師、臺灣白聖長老等代表出席。我也親自率領心平、慈莊、慈惠、慈容、慈怡等及印度研究所同學，前往陽明山中山樓參加開幕式，列席人員達一千七百餘人，謝東閔先生應邀致詞。相信這次大會，不僅爲未來世界帶來自由和平的希望，也象徵佛教的復興、發展，更是主辦地主——臺灣佛教的光榮。

活動期間，我們邀請世界各地僧伽代表前來佛光山普照。承蒙他們讚譽佛光山有過去的叢林規模與制度，也有現代化的弘法方式和設備，是振興佛教的榜樣。此外，感謝「中國文藝協會」致贈給我「榮譽獎」，本山也獲頒「教育文化社會慈善獎」；仁愛之家的依融、紹覺，更榮膺「好人好事代表」；普門中學獲得高雄縣教育局評鑑成績優異。我想，這些都不是個人的力量和功勞，一切成就，應歸於三寶的加被和信衆的護持。

感謝慈莊法師的神通廣大，在鍥而不捨的尋覓之下，去年，我與睽違四十年的母親，於東京太平洋飯店相見了。一時之間，竟抓不住心中的感受。想起十五歲受具足戒時，母親趕了幾十里的路，前來探望我。當時，她因捨不得離去而淚流不止，我只好留下來安慰她，並在母親的棉被下藏了一夜。

轉眼，如今「星星白髮猶少年」，爲了補償母親，我特別安排她住在飯店三十二樓的總統套房。不過，雖然裏頭有豪華餐廳、客廳，習慣簡樸的母親，卻未曾使用過一次，連我要帶她到外面參觀日本皇宮、東京鐵塔也不肯。她眼睜睜地看著我説：「我是來看你的！」這就是我的母親大人，希望在忙碌的弘法之餘，能有機會

陪她走一走，以盡人子之心。

年輕求學時，曾在禪門典籍中看到「臨濟兒孫滿天下」的詞句，激起我無限的雄心壯志。發心效法祖師大德爲了紹隆佛種，不惜身命，前僕後繼的精神，將佛法傳徧世界各地，讓菩提種子，不斷開花結果。

佛光山開山十五年之際，至誠感謝諸佛菩薩的加被、至誠感謝護法檀那的護持，因爲仰仗十方諸佛菩薩的加被，與所有善心人士的護持，使佛光山十五年來所創辦的各種佛教教育、文化、慈善等事業，得以順利進行。今天佛光山所有的成就，如果是一份榮耀，我願至誠地奉獻給偉大的佛陀；如果是一份功德，我願至誠地迴向給所有的護法信徒。祝福大家

福慧無量

法喜無量

星雲　合十

一九八二年元月一日

一九八三年新春告白

各位護法、朋友們：新年如意！

時入初歲，新意拂掃娑婆大千，祈祝神清氣爽，平安吉祥！

思及過去一年，最教人欣喜的是，經過韓國法山法師及楊白衣教授居中聯繫，佛光山與具有一千三百多年悠久歷史的韓國靈鷲山通度寺，締結爲兄弟寺，此事被各界譽爲佛教傳統與現代的結合，其意義至爲深遠。

在締結協議書中，雙方達成協議，將共同促進佛法的宣揚及增進彼此感情的聯誼，共同爲復興佛教、造福社會的理想而努力。通度寺素有「佛寶寺」之譽，是有歷史、有傳統的古寺；佛光山雖然只有十六年的歷史，卻是以佛法爲根本，謹遵佛教傳統，作現代化的發展。兩寺能結爲兄弟寺，實是「以古證今」的最佳證明，對世界和平、佛教融和的展望上，具有實際的功效！

十月，我率團赴韓，祝賀通度寺一千三百年的寺慶，並拜訪另一座被譽爲「法寶寺」的海印寺。有「僧寶寺」之稱的松廣寺，其住持菩成和尚一直與佛光山保持密切的往來，所以我們也前往參訪。接著，我從韓國轉往日本，訪問了日光中禪寺、比叡山的延曆寺、鑒真大師的唐招提寺、奈良的東大寺等，這些寺院，都具有相當的歷史價值，值得我們仔細參訪、用心學習。

另一項盛事是，佛光山與日、韓教界共同發起的「國際佛教學術會議第五屆大會」，十一月在佛光山盛大舉行。會中邀請「行政院副院長」邱創煥先生、「中央黨部社工會」鄭森棨先生於開幕典禮中致詞，印順長老也來函致意，東京大學名譽教授中村元先生作專題演講。接著，日本東京大學文學教授鎌田茂雄先生、佛教大學校長水谷幸正教授，韓國東國大學名譽教授趙明基先生、延世大學名譽教授閔泳珪先生，以及佛光山「中國佛教研究所」唐一玄、方倫等諸位老師、學者等，針對「亞洲佛教的源流」一題作論文發表，並進行討論。

感謝大韓傳統佛教研究院金知見院長、「中外日報社」本間昭之助社長及楊白衣教授的鼎力相助，讓籌備工作能夠順利進行，使大會臻於圓滿。我於會中提議籌組「國際佛教學術協會」，也得到大衆一致贊同；此協會的設立必能爲佛教培養時代新血，延續佛法慧命於永恒。

我相信，中、日、韓三國佛教的權威學者與高僧大德們，雲集一堂，共探佛教的過去與未來，對於加强各國文化、佛學的聯繫切磋，定有相當的影響力。

佛光山在僧信二衆齊心奮鬥下，如今道場的建設漸漸趨於穩定，也逐步擴展。感謝高雄客運爲便利朝山遊客，自六月初起，增開專綫，每四十分鐘一班，客運車直達佛光山頭山門。

去年，接辦近三年的嘉義「圓福寺」，在道場不敷使用的情況下決定重建，三月取得重建執照，隨即舉行重建破土典禮；五月，臺北別院更名爲「普門寺」，由慈容法師擔任住持；高雄別院亦更名爲「普賢寺」，由慈惠法師擔任住持，並於元月舉行動工儀式。另外，三月間也組團首訪歐洲，希望開發這塊佛法貧瘠的區域。而西來寺籌建中的「公聽會」，慈莊、依航等人歷經重重考驗後，終於在去年通過，允許建造。承蒙美國各大報紙，競相爲我們宣傳、呼籲，多承相助，謹此致謝。

教育方面的表現更是可觀。普門中學去年三月接受高雄縣教育局正式評鑑，不僅教學設施完善，深獲肯定，優良的學風及辦學精神也獲得讚許。無獨有偶，佛光山大慈育幼院於四月接受「內政部」首次評鑑，評爲優等。這種種嘉許，對於盡心推展各項教育事業的我們，可謂莫大的鼓勵。

爲了國際弘法的需要，早在開山之初，我即派慈莊、慈惠、慈容、慈怡、慈嘉法師等人前往日本求學，而

今都能擔當大任，住持一方。負笈日本四年的依空，也不負所望，順利取得東京大學印度哲學研究所文學碩士學位，載譽歸來；普門中學應屆畢業生依超考取成功大學外文系，教人不勝欣慰。我亦在普門中學設立「獎學金」，鼓勵青年學子用功讀書，充實自身學識。

另外，私校法修正案於二月經「教育部法規會」通過，今後各大學設立宗教系所或經立案之宗教院校，設立宗教科目已合乎規定。經過教界多年努力，佛教教育終於納入正軌，佛法更因此能正式踏入大學校園，這不僅是宗教之福，更是莘莘學子之福！

在家信衆的佛法教育也是值得重視的。覺華園完工後，更設立「民衆圖書館」，開放給信徒、遊客使用，採開架式自助借閱方式。希望藉此讓所有入寶山的人，都能滿載法寶而歸，進而爲社會營造清新的書香氣息。

去年二月舉行的信徒大會，安排了七十位引禮師分班教授學佛行儀，我也以「如何做個在家信徒」爲題，爲大家作一場專題講演。還有，弟子將我在各地講演的內容，整理成的講演集，第二集也在六月出版了。希望能提供一些愚見，以供大家研究佛學，乃至待人接物上的參考。

過去一年，來山訪客可謂絡繹不絕。十月底，蘇聯諾貝爾文學獎得主索忍尼辛來訪，當他參觀大雄寶殿時，很自然地合掌禮敬，流露出對宗教與文化的尊敬，對於佛教學院及各項建築藝術亦讚賞有佳，頻頻讚嘆其中的稀有難得，更留下親筆簽名作爲紀念。

謝東閔先生、郝伯村先生、西德國會議員佛英克·彼得遜等、沙烏地阿拉伯內政部次長阿瓦濟博士、韓國佛教曹溪宗中央宗會事務處處長金法長法師、名政論家丁中江先生與「外交部長」丁懋時先生、「中國文化大學」印度研究所師生、臺大法律系學生，及「中國電視公司」工作人員等，均來到山上參學，各國駐華代表團也第三次蒞臨。衷心希望他們能把真正的佛法帶回去，讓佛法常留心中。

九月底，蔣經國先生約見宗教界代表，我與白聖法師、張培成等十人應邀前往。談話中，蔣先生期勉各宗教倡導儉樸生活，發揮改善社會風氣的功能。另感謝國民黨「中央委員會秘會長」蔣彥士頒給我「華夏獎章」，鼓勵我對加强國際佛教交流活動所作的貢獻。我感受到社會各階層人士樂於接觸佛教，並給予高度的評價。由此，可以看出佛教給予世人的利益，已獲得各界的肯定。

走過五十多年的僧侶歲月，我明白弘法利生，推動「人間佛教」，必須有無限的方便、無量的法門。現代科技即是一項不可或缺的利器。在電視傳播裏，佛光山從「甘露」到「信心門」的製作，無不希望藉由媒體，將佛法弘傳於社會。我們的努力沒有白費。去年，由「中國電視公司」製播的「信心門」節目，榮獲「行政院新聞局」頒發的「社會建設金鐘獎」。

此外，高雄壽山寺獲「內政部」評定爲寺廟教會興辦公益慈善事業績優單位；嘉義圓福寺也榮獲「民政廳」頒贈績優宗教團體獎狀，這些成果，都是來自十方共成的因緣。去年元月，有八十年以上歷史的美濃朝元寺，其一磚一瓦都是從臺南運至美濃竹頭角興建，其大雄寶殿要拆除重建，我亦應邀參與動土典禮。

八月，「民政廳」假佛光山東禪樓舉辦「國學教師研習會」，參加成員都是各縣市擔任寺廟國學的研究教師，我受邀爲大家講說「宗教現代化」。另外，爲了慶祝文藝節，「中國文藝協會」、青溪新文藝學會、青年寫作協會高雄縣分會等三大團體，在西淨樓舉行慶祝大會，與會貴賓有郭嗣汾、陸震廷、王牧之、李冰、魏端等人。會上承蒙「中國文協」及青溪新文藝學會贈給我「淨化社會，美化人生」紀念牌，我也不揣淺陋，以「佛教與中國文學」爲題，向與會的作家作文藝專題演講。

去年講演活動頻仍，除了在臺北「中山紀念館」講說「佛教對命運的看法」、「佛教對神通的看法」、「佛教對知見的看法」，我也在各大校園、公司、軍界等不同領域，舉行佛學講座及隨緣開示。如：應統一企業公司

董事長吴修齊之請，開示「佛教藝術的生活」；高雄「中山大學」首任校長李焕先生，幾次邀請我爲全校學生講演「禪的藝術」、「禪與生活」；爲臺北技術學院應届畢業生開示「佛教的智慧與人生觀」；應中正預正校校長王明洵先生之請，爲全校師生講説「藝術的人生」。

此外，也應高雄市「救國團」之邀，至市立圖書館開示「如何進德修業」；於屏東中正藝術館講演「如何增進人生幸福」；在彰化縣縣政府大禮堂舉行三天佛學講座，講題爲「談天説地」、「談你説我」、「談情説愛」；在高雄中正文化中心至德堂，宣講「佛教對因緣的看法」、「佛教對感情的看法」、「佛教對行爲的看法」；分别爲「海軍戰隊」、省黨部、省訓團講演「現代社會的人生觀」、「佛教服務觀」及「社會宗教化」；於佛光山普門寺宣講「金剛般若波羅蜜經」等等。

佛學深度的内涵不但開拓人生，更能美化世間，去年至普門寺講經前，先由慈容法師帶領信衆演唱佛教聖歌，讓聽衆在優美祥和、意境深遠的音樂聲中，進入最佳的聞法狀態。而一直爲我作閩南語翻譯的慈惠法師，獲得許多人的肯定，也是我講演時不可缺少的。佛教不捨棄一個衆生，慈惠法師傳神的翻譯，正是讓不懂國語的人，也有聞法的機會。

講題方面，我更是細細琢磨，針對現代人對生活的不安定感，我提出「佛教的信仰生活」、「佛教的藝術生活」、「佛教的智慧生活」等看法；爲了讓佛教能走向現代，開創新局，我提出「佛教的現代化」等理念；爲闡揚佛法深廣的内涵，我提出「禪的藝術」、「佛教與中國文學」、「佛教對知見的看法」等。我以爲時代考驗著佛教，佛教也應時代的更迭而漸次豐富，我們唯有充實自身、因應時代，始能在歷史洪流中奮起向前。

時代考驗著佛教，佛教也因時代的更迭而漸次豐富。時光如流，十六年的歲月倏忽即逝，佛光山已由一片荒蕪到滿山殿堂巍峨的氣象。感謝佛光人多年來的護持，未來讓我們一齊繼續爲復興佛教、建設「人間佛教」、開創人間浄土而努力！耑此　順頌

福慧無量

星雲　合十

一九八三年元旦

一九八四年新春告白

各位護法、朋友們：大家好！

韶光荏苒，未曾待人，在寒風暖意交互推波之下，我們又向新的一九八四年邁進。

去年元旦，「佛教文物陳列館」在同樣生氣蓬勃的新時節，正式開幕了，這是島內第一座專門典藏古今中外佛教文物的博物館。多年來我至世界各地弘法時，會一邊留意佛教文物，慢慢地收藏，目前已有將近三千件。除了文物，館內並陳列有佛教的歷史淵源、文化分佈、經典佛畫，以及中國歷史人物與佛教往來的相關典故等。讓信徒遊客從觀賞中，對佛教有一個具體的認識和瞭解。

感謝名畫家呂佛庭贈送長達四百餘頁的大字正楷《金剛經》；韓國禪畫大師石鼎法師贈送達摩禪畫；新加坡福海禪院宏宗法師贈送玉製如意古董，還有，馬壽華和王雲五先生在佛光山開山之初，為作建寺基金所募集的兩百多幅書畫等，都為陳列館增色不少。

「佛教文物陳列館」的設立，意在提升社會大眾的精神生活，在元旦之際開館，象徵這一年將如這些古物，含藏著歷史的精緻與智慧，展現給現代的人們。在此，也感謝郭乃彰小姐對於陳列館的佈置與管理出力甚多。

去年年初，我帶領「佛光山印度朝聖團」一行八十四人，遠赴印度巡禮聖跡。再次踏上佛陀祖國，內心可謂悲欣交集，對佛陀的景仰，是無以言之的孺慕情懷；對印度佛教的衰微，則因傷痛不忍而思奮起。

目前佛光山發展迅速，大家對外界應有相當的認識，不可閉門造車。唯有走向世界，貼近人羣，佛教始能深入社會民間，契合人心所需。希望佛門弟子皆能發心立願，為佛教擴展新路，讓印度乃至世界各地，重新展現佛教的光輝。

在馬來西亞佛教總會主席金明法師，及新加坡佛教界安排下，九月，我也率領「佛光山馬新佛教弘法訪問團」，至兩國進行密集的弘法、訪問活動。十四天的時間，我及心平、心定等一行二十餘人，參訪了各大佛教道場，走訪新馬的政要首長，如：新加坡教育部高級官員洪金珠，馬來西亞拿督劉惠城等，並舉辦了十幾場佛學講座及皈依三寶典禮、座談會。所到之處，每場都有兩萬人以上的人潮，可說是人情濃厚，令我們不時感受到當地華僑、信徒們的熱情與求法之熱切，以及教界長老的關心與厚待。對於他們為當地佛教事業推展所作出的努力，更是萬分敬佩。相信在他們的積極、奮勇下，未來新馬佛教的發展必能輝煌而燦爛。

全球化是未來世界乃至佛教發展的必然趨勢，因此佛教間的交流往來更形重要。除擴大國際弘法活動外，我們也提供各國青年研習佛法的機會，目前已有來自錫蘭、印度、印尼、加拿大、泰國、韓國、馬來西亞等十多個國家的青年學生，在佛光山研究佛學。期待他們都能像玄奘大師一樣，把中國大乘佛教的菩提種子偏植十方土壤，使得大乘佛教能夠在世界各國開花結果，芳香供養法界。

此外，為了鼓勵青年學佛，我們成立「男眾佛學院」，也增設了「臺北女子佛學院」、「彰化福山佛學院」。欣見有愈來愈多的青年男女學佛，我們唯有加強僧伽教育，為佛教培育更多佛門龍象，使其將來都能弘化十方，利樂有情，方不辜負青年學子的發心，十方大眾的成就。

佛光山與「中國文化大學」合辦的「中國文化大學印度文化研究所」，已獲得當局立案通過，是第一個通過當局正式認定的佛教研究所。對佛教而言，這是佛學研究的再提升；對社會而言，可為栽培印度學術專門人才，促進中印文化的關係，對張其昀博士及有心研究印度文化的人，更是一段難遭難遇的因緣。

另外，由佛光山大藏經編修委員會編纂之《佛光大藏經》第一輯《阿含藏》四冊已經付梓，這是繼清朝《龍藏》之後，至今二百餘年來，再一次的修藏事業；佛光出版社也將我過去講演的內容，整理成佛光小叢書

百冊，並於十月出版。我之所以辛勤耕耘於文字這塊田地，無非希望藉此讓研究佛法者及社會大衆，對佛教有全新且更深入的認識，進而把握佛法精髓，讓自我與大我的生命更光風霽月。

讓人欣喜的，西來寺的興建計劃，經兩年審查後終於通過，相信未來必能增强東西文化的溝通、交流，豐富當地人民的生活內涵與精神思想；而第十六屆「世界佛教徒友誼會」也將在西來寺舉行，屆時必定又是一個具國際歷史意義的盛事。

佛光山澎湖海天佛刹已於三月中旬奠基動工；十月，普賢寺舉行大雄寶殿啓用及佛像安座儀式，並由慈惠法師繼續擔任住持；十一月的萬緣法會中，佛光山地藏殿、萬壽園附設萬壽堂亦落成啓用。而佛光診所設置的雲水醫院，正式於元月五日展開巡迴義診，將醫療服務送到窮鄉僻壤，這是抱持「有錢的人爲貧苦的人看病」的理念，來造福偏遠地區的民衆。

三月，舉辦的信徒大會，其殊勝及意義更勝於以往。除開幕典禮內容的創新，也於大會中頒予各別分院住持袈裟，以免逐一晉山，勞動許多信徒，同時，爲參加者舉辦甘露灌頂皈依典禮。此外，韓國通度寺代表鏡日法師、印度維摩拉法師、錫蘭可利德法師等貴賓的參與，更增添此次大會的國際性、融和性。感謝大家對佛光山長年的護持，希望藉由每年大會的舉行，讓每個人都能尋得本性、尋得佛心、尋得信仰，將佛法深植心靈，於生活中實際應用。

一九八一年，「普門文庫」的供僧法會上，我建議每年農曆七月十五日盂蘭盆會爲僧寶節，並發起供僧運動，幸蒙教界各方人士贊同，在各地紛紛舉辦。去年，光是在佛光山慶賀年度僧寶節的供僧法會，全臺就有信徒五千人齊聚一堂，場面極爲隆重莊嚴。

爲集思廣益，達到最有效的會議功能，我把宗委會擴大爲「住持、主管聯席會議」。其宗旨在以集體創作的方式，樹立佛光山各項人事、經濟制度，以穩固教團的根本，一方面爲佛教保持原有傳統，一方面爲佛教開創新的路綫，期能發揮最大功能，爲社會作出更多的貢獻。

去年四月，演藝工作人員成立「藝人學佛會」，獲得謝東閔先生的支持，並於會中鼓勵演藝人員多多重視精神建設、自我充實，顯見佛法對社會人心的必要性與積極作用。

由佛光山電視弘法委員會製作的「信心門」節目，繼前年獲「行政院新聞局」頒發「社會建設金鐘獎」後，去年再度榮獲「最佳社會建設獎」，「中國電視公司」則因録製「信心門」節目，獲得「法務部」頒贈的「教化功宏」銀盾一面，「中廣公司」第三廣播網，更於七月起聯播，嘉惠更多民衆。承蒙各界肯定，唯願本著佛陀慈悲濟世的精神，做人間暮鼓晨鐘，普度沈迷的夢中人。

在這一年裏，我四處講説佛法，除了四十幾場對外的專題講演外，與信徒的開示亦不下百場。由大學到機關，從海陸空軍隊到各級黨部，從都市會堂到鄉村小鎮，從寺廟殿堂到各地工廠，我都儘量針對社會各階層的需要，帶領大衆一窺佛法真諦。

繼前年的因緣，去年再度前往彰化縣政府大禮堂講「談因説果」、「談迷説悟」、「談空説有」；在臺中中興堂講説「談心的秘密」、「説夢的神奇」、「論鬼的形象」。在大甲鎮中正紀念館講「行爲平坦的道路」、「身心安住的家園」、「生命升華的世界」，也應臺南市政府之邀，在臺南中正圖書館育樂堂講「修身之道」、「處事之道」、「養心之道」；在臺北「中山紀念館」講説「人證悟之後的生活怎麼樣」、「人死亡之後的生命怎麼樣」、「人涅槃之後的境界怎麼樣」。

每場佛學講座，聽衆聞法歡喜，頻頻點頭鼓掌回響，也感謝媒體各界的報導。我唯有謹守「弘法是家務，利生爲事業」的願力，提供一些淺薄的意見與體會，讓社會大衆對佛教具備正確的認知，在會心一笑中，領略

佛法妙義，活出有聲有色的生命風華。

時入元旦，萬物又將展現丰美的生命。願以此情此景，祝福大家都能爲心靈除舊佈新，拓展新機！耑此

順頌

諸事吉祥

星雲　合十

一九八四年元旦

一九八五年新春告白

各位護法、朋友們：大家新春如意！

爆竹一聲除舊歲，桃符萬象更新年。春風輕拂，透露著又一個新年的到來。佛光山從篳路藍縷開山以來，突破佛教傳統的弘法方式，走入「國家殿堂」宣講佛教應該要現代化，「人間佛教」應該有自己的事業等等。然而接踵而至的風評，是毀譽參半。

現今回顧過去的努力，在策劃未來時，心境反而有雲淡風輕、坐看雲起的豁然。

回想昨年，那真是多災多難的一年。三次的礦災災情：六月十日，土城海山煤礦坑七十名身陷坑內的礦工全數罹難；七月十日，瑞芳煤山礦坑一百零一名礦工罹難；十二月五日，臺湾三峽海山一坑也是多數礦工罹難。這些災情，讓臺灣的採礦事業走向末路之途。

從電視上看到礦災發生時，坑外擠滿了無助的家屬，親人離散，生死別離的哀嚎，猶如人間煉獄；看到他們閉目雙手合十祈求上蒼的專注，心中不禁爲他們向佛陀祈求：「讓生者消災免難，健康如昔；讓亡者往生佛國，蓮登九品。」

事情發生後，本山在大悲殿啓建十天的「三時繫念」佛事，爲罹難者超薦；我也把在臺中市政府主辦的佛學講座中，三天托鉢所得的善款，全數轉予礦災災民，聊表微心薄意。

蘭陽仁愛之家由於院舍不敷使用，從一九八一年開始興建「扶輪長壽館」。承蒙宜蘭縣政府、扶輪社陳趾斯先生，及諸位善心人士經費上的支持，終於在去年初落成了。由性梵法師創辦，後交由佛光山管理的「新竹無量壽圖書館」，也改組成爲財團法人。

另外，佛光山信徒講習會（麻竹園）及普賢殿在去年相續開工興建，臺北別院「普門寺」於四月中旬舉行落成法會。對普門寺的期許，誠如我在法會上所頌：「普門今落成，法水潤全身，佛光照信徒，大地盡回春。」回想初到臺灣時，就希望有一所普門大開的寺院，能夠供養十方大衆；今日，也願以「普門寺」普渡無邊有情，都能邁向菩提大道。

普門寺落成以來，確實展現了在都會弘法的力量，如創辦《普門寺通訊》、舉辦爲期一週的「大專佛學研究會」、成立「大專青年佛學中心」、承辦皈依典禮，和各種大型的佛學講座。

佛光山發展至今，在教育事業上設有佛學的專門教育，有對信徒、大專青年、兒童及社會的種種教育。可以說，對各階層、各領域的教育，無不盡力盡心推動。去年普賢寺也首次開辦「都市佛學院」，提供社會大衆在參與佛學講座之外，還能有系統性的佛學教育。十一月，「中華文化復興節」時，「教育部」頒發「社會教育有功人員獎」予我，其實，這項殊榮是屬於全體佛光人的！

多年來，七衆弟子胼手胝足開墾出這片佛光净土，無論在佛教文化、教育、慈善等事業，已然走出一條佛教現代化、國際化的康莊大道。在度衆弘法方面，雖然有種種的方便權巧，但始終堅持傳統佛教不變的精神。有鑒於此，佛光山宗務委員會訂定了嚴密的制度，來統理僧團，也可以讓現今已無典章制度，甚至百弊叢生的佛教，作爲參考。

除了僧團，信徒大衆也是佛教重要的一環。去年信徒會員代表大會特訂：凡是佛光山會員信徒，皆要進入有組織的制度，在完善的人事制度下，與僧衆共同爲佛教努力，並且決議通過每年農曆二月一日爲「信徒香會」。

慈善事業上，一月份，佛光山慈悲基金會以冬令慰問車，至大樹鄉所屬十八個村莊，慰問貧寒及傷殘民

衆，並各贈毛毯及其他日用品；嘉義圓福寺舉辦冬令救濟，發放賑濟品；普門寺信徒廖林水玉居士，捐贈本山施診醫療隊巡迴救護車；普門寺「友愛服務隊」本年度擴展社會慈善、救濟、福利等服務，總名爲「友愛中心」；佛光山施診醫療隊自八月起，由每週一日增加爲每週五日，至各地巡迴義診。去年春節，也在龍亭內設有終年免費的施茶服務。

在此要感謝諸位發心支持，共同成就這些慈心善舉。今後，更願透過各項慈善事業，照顧孤幼、貧病、老弱無依者，並且普被飛禽走獸，澤及生者亡靈。

佛光山上輝煌殿宇及一切硬體設備，已受到當局及國際友人的認定。去年初，在「新聞局」安排下，德國的國家電視公司來臺拍攝「佛教在臺灣」，並選擇普門寺「供佛齋天法會」爲拍攝重點。「新聞局」黃洪海先生及華視採訪組人員，陪同巴拿馬第二電視臺前新聞部主任，現任「新聞評論」節目主持人路易士·卡里歐先生，專程拍攝佛光山的精神特色。

還有，荷蘭雷戴爾克市市長費瑯客先生及多位建築師、智利第十三電視臺主持人及攝影師，來山拍攝紀錄片；《讀者文摘》記者維那可，專程訪問報導佛光山等。

佛陀說法四十九年，靠著雙足遊走恒河兩岸。如今，我們藉著現代新聞媒體資訊發達之便，把佛陀慈悲的教法，散及世界各地的角落。臺灣寶島已在國際上走出一片天地，在振奮欣喜之餘，我也盼望佛教能具有立足臺灣、放眼天下的宏觀。

佛教不僅要走上國際，寺院之間的聯誼也是不可少。過去一年，我們與各地友寺往來十分活躍，如應證嚴法師之邀，前往花蓮與印順導師、真華、戒德等十位法師，共同主持「慈濟綜合醫院」破土灑淨儀式，我也贊助臺幣十萬元，聊表寸心；四月，我受臺中慈善寺住持振光法師的邀聘，參加推動佛教弘法事業晉山陞座典禮。

東勢明山寺住持藏心法師邀請我，至明山講堂宣講「從生活到生死」、「從修身到修心」、「從做人到成佛」；到北港媽祖廟佛學講座；應臺北五股智光禪寺住持如學法師之邀，參加其開山十週年及大殿落成典禮；至高雄元亨寺，在其大殿落成典禮舉行的佛七法會中，爲信徒開示；受邀參加汐止彌勒內院舉行慈航法師圓寂三十週年紀念法會，並代表致詞。

其他，與海外教界交流的如：到韓國參加第六屆「國際佛教學術會議」等。一月，前往美國，關心西來寺的建寺事宜，並接受「中華之聲」廣播電臺的邀請，製作「佛光普照」廣播節目，每日播出半小時，很受當地華僑的歡迎。

近年來馬來西亞佛教徒爲了興隆三寶，積極大舉法鼓，利益羣生。去年四月，我應馬來西亞青年總會的邀請，前往檳城主持「護國息災吉祥法會」，並作佛學講座，講演「心經要義」；馬來西亞佛教青年總會和太平佛教會更是大力推動法務，聯合邀請，於是，六月再率弟子心平等十八人，去啓建萬緣法會，並於檳城大會堂，舉辦兩天佛學講座，講題爲「修身之道」、「修心之道」。十月馬來西亞佛教青年總會也組成菩提、般若兩團前來佛光山及普門寺參訪。十二月，馬來西亞檳城妙香林寺重建落成開光，接受其邀請宣講《觀世音菩薩普門品》。

今年，在臺北「中山紀念館」的三天佛學講座，講題分別爲「佛教的女性觀」、「佛教的福壽觀」、「佛教的政治觀」。除此，也於臺北社教館講說「佛教的教育法」、「叢林的教育法」、「特殊的教育法」；應臺中市政府之邀，於臺中市中興堂講演「佛教的慈悲」、「佛教的報恩」、「佛教的懺悔」；應臺中市政府之邀，於臺中市立文化中心禮堂講演「佛教的政治觀」；應新竹少監典獄長劉守中之邀，前往新竹少年監獄開示「守五戒脫離苦海」；在臺北普門寺、高雄普賢寺宣講《六祖壇經》，在新竹社教館講「如何美化人生」、在臺南講「如何樹立

新人生觀」等。

泰國比丘轉通法師讀了我的《海天遊蹤》，被書中描述到印度祈求舍利的虔誠所感動，特地將金剛舍利轉贈佛光山供奉。檳城日落洞佛教青年團，出版我的講演選集，定名爲「浪濤」，以此來響應和推動生活佛教。

我想目前世界各國相繼翻譯我的「講演集」，表示人間的佛教、生活的佛教，已逐步爲大衆認識與接受了。

去年，「龍發堂」事件經由電視的報導，掀起媒體、宗教、專家學者、政府機關、病患與家屬等狂熱且激烈的連鎖反應，各界都以自己的觀點來評論，一時之間成爲社會大衆最爲關注的焦點。

我認爲一個精神病患，就像家庭裏埋伏的一顆定時炸彈。誰來幫助他們呢？當社會的慈善事業不夠完整時，民辦事業也是解決社會問題的一大助力。佛門慈悲爲懷的事業，就因爲收取款項而引發社會的輿論，實有欠公道！其實收費是慈善事業的直接助緣，在雙方同意下是合乎規定的，不該因此而加以誹議，或扣上詐欺罪名。

事件還未被炒作時，媒體不也十分讚揚龍發堂的善行嗎？然而隨著事件的發展，報導竟隨波逐流，轉向惡意的中傷、責難；不客觀地扭曲真實，是有失道德與公正的。

面對社會的人情冷暖，該如何看透黑暗面？觀看現今世界的動蕩、社會的亂象，唯有佛法纔是人類的救星。身爲宗教家，我願全心致力於弘揚佛法，期許大家一起努力，將佛光法水徧灑世界各地，讓每一個人共沐佛光、同沾法益。耑此　敬頌

新年進德人人齊歡樂

春節行慈家家報平安

星雲　合十

一九八五年元月一日

一九八六年新春告白

各位護法、朋友們：大家平安吉祥！

歲月輪轉，一回身，佛光山已在人間弘法度眾十八年。有人問我，這些年來是否遭遇什麼艱難困苦？我只能說，一切都很自然。所謂「難」，只要敢當，難就不為難；所謂「苦」，只要心甘情願，苦就不為苦。十八年的開山過程，所有艱難困苦，我都甘之如飴，尤其有佛菩薩的加被，十方信眾的護持，更加振奮我的願心，歡喜的弘法利生。如今回首，一切唯求盡心而已。

為了和弟子有更密切的聯繫，我計畫於本山設立一個「傳燈會」，為徒眾訂定一系列培植訓練及福利辦法，諸如舉辦各項講習會、獎勵徒眾留學辦法等等，這些將來都會擬定一套制度和規章。目前臺北普門寺住持慈容法師、蕭碧霞師姑及楊慈滿居士，都各捐贈一百萬元作為傳燈會的基金，感謝他們的支持。

除了僧眾教育、制度設立外，我也關心信徒的教育，去年二月麻竹園正式啓用，取名「佛光山信徒講習會」，提供作為信徒住宿，及召開會議、講習之場地。三月，即於麻竹園祇園廳舉行第一屆「信徒梵唄音樂比賽大會」，也陸續舉辦各種講習。

感謝美國奧克拉荷馬大學校長奧克博士，對我在佛教教育工作上的認同，致贈紀念牌給我，並派黃大中博士來山，洽商與「中國佛教研究院」交換學生及學術交流等活動。六月，「中華漢藏文化協會」在臺北政大公企中心大禮堂正式成立；七月，舉辦世界佛教青年會學術會議，計有十五個國家和地區，二十六個團體，三百餘人參加，這是有史以來由僧團自行獨立承辦大型會議的創舉；十月，我即在臺北普門寺主持此協會的第二次理監事聯席會議，為推展國際佛教活動，發起籌辦世界顯密佛學會議。

在演講弘法上，我仍舊馬不停蹄，盼望能將法水徧施人間。去年高雄市教育局請我以人生哲理的觀點，探討對社會病態、心理病態、民俗病態的療法；彰化縣政府邀我以「入佛之門」一題，進行三天演講；每年在臺北「中山紀念館」舉行的佛學講座，這次我以「禪」為主題，講說「從衣食住行來談禪宗的生活」、「從風趣灑脫來談禪宗的人物」及「從教學守道來談禪宗的特色」。馬來西亞竹林寺開光落成，我前往主持，並到檳城講說《八大人覺經》。這是兩年來，我第五度受邀前往，每場講座皆座無虛席；馬來西亞人民的人情味與向道心，總鼓動我弘法度眾的願心。

「文協」作家訪問團一行，由郭嗣汾先生率領到佛光山訪問，並舉行文藝座談會，應他們的盛情邀約，我也班門弄斧地以「文藝與人生」為題，作了專題演講。

徒眾將我多年來各處講演結集成的講演集，已發行到第三版了，由李仁玉小姐翻譯的韓文版，亦以《普通佛陀、普通眾生》一名問世。此外，佛光文化出版社出版的《佛光小叢書》，美國國會圖書館更專函「中央圖書館」索取，以供珍藏；《佛光山靈感錄》、《佛光大藏經・長阿含經》也相續出版。除此之外，我亦囑咐佛光出版社全力護持華宇出版社發行《世界佛學名著譯叢》，而《覺世》旬刊創刊一千期，也在去年底舉辦「覺世與我」徵文特刊，以為慶祝。

幾年來的努力，持續受到海內外的肯定，增強我們無比的信心與力量。像是在臺視每月播出一次我的佛學講座節目，三月，在三十多個廣播節目中，榮獲「行政院新聞局」頒發的「廣播電視社會建設金鐘獎」，評定為第一名；臺視也從五月開始，每週一次播出我主講的《六祖壇經》。很欣慰佛教的媒體弘法，已受到社會人士的歡迎與肯定。

六月，「美國佛教青年總會」在洛杉磯成立，會上推選我為理事長。此外，「中華漢藏文化協會」也在六月

底正式成立，此協會之成立相信能爲溝通漢藏佛教、文化，及國際活動作出具體的貢獻。在大會投票選舉後，我當選首任理事長，慈惠法師爲副秘書長，心定法師爲監事，並於九月底舉行第二次理監事聯席會議，會議中決定發起籌辦「世界顯密佛學會議」，以推展國際佛教活動爲努力方向。

在教育方面，普門中學附設幼稚園，被高雄縣政府教育局評鑒爲最優幼稚園。此外，省政府頒發「興辦公益慈善及文教建設績優」之匾額及獎狀，獎勵佛光山多年來在佛學講座、電視弘法、出版佛書雜誌、巡迴醫療義診、冬令求濟等各方面，對社會的貢獻。對於這些肯定，我除了合十感謝，也自我期許：爲法爲衆，奉獻身心。

於交流參訪上，去年年初，我再度率領「佛光山印度朝聖團」一行七十六人，展開爲期二十一天的聖地朝禮；美國十四航空隊會員及眷屬共一百餘人來山訪問；韓國大使金相台伉儷、泰國僧皇秘書長等一行人、史瓦濟蘭王國財政部長米尼伉儷等相繼來山。

「資政」張寶樹先生，也在九月，陪同日本國會議員灘尾弘吉等人來山訪問；「臺灣省政府主席」邱創煥先生，率領全省縣市長、「省府秘書長」劉兆田和省府各主管一行蒞山禮佛。其他，如高雄市長許水德先生、夏元瑜教授，以及名作家上官予、應未遲等人，也來山禮佛參訪。

去年有一件重大的事，就是在我六十歲生日前夕，我宣佈退位。對我而言，彷彿有重新迎接新生命的感覺。十八年前，我空著手到高雄麻竹園開創佛光山，現在也是空著手走，來來去去，没有不同。就像我一再跟徒衆强調的，佛光山不是我個人的，是大衆的、是十方的，佛光山不會因住持換人而改變弘法的方針。

住持退位，在佛教界是很平常的事，而我已連續做了十八年的住持。在佛光山的組織章程中，訂定住持爲六年一任，得連任一次。早在六年前，我便有意退位，然而當時佛光山尚屬擴建時期，不宜交卸職務，大衆要求我破例連任兩次。如今本山建設，大體完成，爲了佛教法脈永續，人才世代交替，我將正法遞付臨濟宗四十九代，佛光山寺第二代心平和尚。

我退位及新任住持晉山典禮，於九月二十二日舉行。我將衣鉢等信物傳予心平和尚，並期勉善自護持，綿延勿替，而爲説偈言：「攝山棲霞寺，分燈到臺灣；佛光永普照，法水廣流長。」心平和尚則宣誓以師心爲己心，以師志爲己志，秉持佛光山宗旨覺世牖民。

典禮中，我亦向大衆説明堅持退位的原因：

一、法治重於人治。人有去來、生老病死；「依法不依人」，纔能常住。

二、世間之事，不是「非我不可」。佛法的弘揚，社會的净化，是要靠大家共同來成就的。

三、退位不是退休。退位一樣可以弘揚佛法，服務社會，普度衆生。

四、加强新舊交遞。佛光山寺交給第二代住持，正表示一代勝過一代。

除此，傳法大典上，並由棲霞山四十八世傳人法宗法師、悟一法師、達道法師及我四人，共同傳法予四十九世衣鉢傳人，有心定、慧龍、慧開、慈莊、慈惠、慈容、慈嘉、慈怡、依嚴、依敏、依融、紹覺、依恒、依空、依諦等人受法。

當天有各界首長及信徒一萬多人參加此一盛典，國民黨「臺灣省黨部主委」關中、高雄市長蘇南成等先後致辭。從此「恪遵佛制，薪火相傳，以制度管理，以組織領導」，樹立了道場民主化的典範。

佛光山即將邁入第二十年了，各項教育、文化、慈善等事業已成熟茁壯，各地道場的建立也逐步設立。去年，澎湖海天佛刹、基隆極樂寺、石門北海道場第一期工程山門相續舉行破土典禮。值得慶賀的是彰化福山寺歷時十二年的建設，終於竣工，並於七月舉行落成暨佛像開光典禮，同時啓建萬佛在家五戒菩薩戒；前年創設

的福山佛學院第一屆學生也在今年學成畢業。

未來佛教發展的方向，應教内禮儀規章統一、教團彼此尊重包容，以及各寺院間要溝通往來。對於佛教事業的發展，我尚有兩個未完成的心願：一是辦報紙，浄化人心；二是辦大學，培育人才。希望在不久的將來，這些心願都可以實現。

新的一年，新的開始，祈求佛陀加持，讓佛光照耀家家户户，法水流進人人内心，這是我最殷切的企盼！

耑此　順頌

福慧圓滿

星雲　合十

一九八六年一月一日

一九八七年新春告白

各位護法、朋友們：大家好！

歲殘年盡，人生又走過一年，這是一九八七年的開始，祈願人間安和樂利、萬象更新！

開山至今已二十個年頭，這二十年裏，我始終致力於開山、教育、文化、講演的工作。我自一九八五年退位後，雖卸下佛光山宗長一職，但是，徒衆說「師父」是沒有退位的。所以行政工作由各職事擔當，而在思想啓發、宗風道心教導上，我仍樂於爲大衆奔忙。

去年七月底，爲了讓繼位的住持能順利做事，並爲自己在未來弘法、修道上，重新定位與調整，我飛往美國西來寺閉關半年潛修。閉關，是三十年前的願望，想不到三十年後纔能實現。雖說是方便關，也爲自己訂下了計劃表，每日早上五時醒來，忙著讀經、寫作、打坐、拜佛、學習英文，真是忙得不亦樂乎。

其間，我體悟到生活裏忙中有閒，閒中有忙，忙忙閒閒，閒閒忙忙，纔是人生最幸福的事。也由此，我寫下一首偈子：「佛光山人西方來，摩迦尊者東土去。來去去來均如是，永作世間閒忙人。」

這段閉關期，承蒙大家殷勤護持，世界各地的大德如：孟加拉僧王偉素達難陀上座、夏威夷宗教大學宗教研究所查善爾教授、錫蘭毘雅達西上座、臺灣十大傑出建築師陳仁和居士等，都前來關心閒話，企業家吳修齊居士更三度來訪。另外，印海、幻生、浩霖等諸位法師也都曾到訪。

在關中，唯一遺憾是，得知煮雲法師圓寂的消息。整整四十五年的同參道友，遽爾西歸，悵望雲天，怎不傷懷？臺灣佛教三十多年來，弘傳發展，煮雲法師功不可滅。我因無法返臺祭奠，只能撰述一幅輓聯：「你我同戒同參同學同事，同弘佛法，人稱同兄弟；相互忍苦忍貧忍謗忍難，忍氣吞聲，誰知忍會離。」並委托慈莊法師專程送去，以表哀思。

一代高僧廣欽老和尚及著名的佛教學者楊白衣教授，亦相繼往生佛國。他們留予世人的是無盡的慈悲願力，與高尚的道德風範，雖然生者皆有死，但他們爲世間奉獻的生命光華，將永垂不朽。

回顧去年，除閉關外，五月份在臺北普門寺舉辦爲期十天的佛經講座，宣講《六祖壇經》。爲使信衆都能深入瞭解經文，請慈惠法師閩南語翻譯，依空法師書寫板書，慈容法師則擔任維那，引領開經。希望在場的每一位聽者皆能入法味香，心領神會。於普門寺期間，蔣緯國將軍與谷正綱先生，在百忙中抽空前來與我討論佛法。也應高雄市政府之邀，在中正文化中心至德堂，舉行三天的「淨土思想與現代生活」系列講座，欲藉闡明淨土思想的殊勝，幫助大家在現實社會裏，享有更清淨美好的幸福生活。

除了這兩場大型的佛學講座，我更四處雲遊行腳，弘法度衆。在美國、馬來西亞等地講演，也應「臺視新聞熱綫追蹤」節目之邀，以「散播歡樂的種子就從你開始吧」爲主題，與天主教羅光主教、基督教周聯華牧師、伊斯蘭教馬經武監察委員，以及臺大心理學教授賈志宏女士等人座談。長期以來，我一直主張「人間佛教」是「將歡喜佈滿人間」的，因此座談會上，我就目前社會暴戾風氣，提出「你對我錯、你大我小、你有我無、你樂我苦」的觀念，作爲大家行事待人的參考。

此外，四月時，我受邀在陽明山中山樓召開的國民黨「第十二屆第三次中央委員會會議」上列席發言。我主張開放民主的門檻，培養人才，力倡化敵爲友，有容乃大，也呼籲重視宗教，共同促進和諧與和平。「國防部參謀總長」郝伯村先生，也來山訪問，邀我前往軍中弘法，五月即應「國防部」之邀至監獄佈教，以「解脫之道」爲題進行講演。

接著，參加一場臺灣移植醫學會舉辦的學術研討會，與許多專業醫師談佛教對器官捐贈的看法。各別分院

一九八六年新春告白

各位護法、朋友們：大家平安吉祥！

歲月輪轉，一回身，佛光山已在人間弘法度衆十八年。有人問我，這些年來是否遭遇什麼艱難困苦？我只能説，一切都很自然。所謂「難」，只要敢當，難就不爲難；所謂「苦」，只要心甘情願，苦就不爲苦。十八年的開山過程，所有艱難困苦，我都甘之如飴，尤其有佛菩薩的加被，十方信衆的護持，更加振奮我的願心，歡喜的弘法利生。如今回首，一切唯求盡心而已。

爲了和弟子有更密切的聯繫，我計畫於本山設立一個「傳燈會」，爲徒衆訂定一系列培植訓練及福利辦法，諸如舉辦各項講習會、獎勵徒衆留學辦法等等，這些將來都會擬定一套制度和規章。目前臺北普門寺住持慈容法師、蕭碧霞師姑及楊慈滿居士，都各捐贈一百萬元作爲傳燈會的基金，感謝他們的支持。

除了僧衆教育、制度設立外，我也關心信徒的教育，去年二月麻竹園正式啓用，取名「佛光山信徒講習會」，提供作爲信徒住宿，及召開會議、講習之場地。三月，即於麻竹園祇園廳舉行第一屆「信徒梵唄音樂比賽大會」，也陸續舉辦各種講習。

感謝美國奧克拉荷馬大學校長奧克博士，對我在佛教教育工作上的認同，致贈紀念牌給我，並派黄大中博士來山，洽商與「中國佛教研究院」交换學生及學術交流等活動。六月，「中華漢藏文化協會」在臺北政大公企中心大禮堂正式成立；七月，舉辦世界佛教青年會學術會議，計有十五個國家和地區，二十六個團體，三百餘人參加，這是有史以來由僧團自行獨立承辦大型會議的創舉；十月，我即在臺北普門寺主持此協會的第二次理監事聯席會議，爲推展國際佛教活動，發起籌辦世界顯密佛學會議。

在演講弘法上，我仍舊馬不停蹄，盼望能將法水徧施人間。去年高雄市教育局請我以人生哲理的觀點，探討對社會病態、心理病態、民俗病態的療法；彰化縣政府邀我以「入佛之門」一題，進行三天演講；每年在臺北「中山紀念館」舉行的佛學講座，這次我以「禪」爲主題，講説「從衣食住行來談禪宗的生活」、「從風趣灑脱來談禪宗的人物」及「從教學守道來談禪宗的特色」。馬來西亞竹林寺開光落成，我前往主持，並到檳城講説《八大人覺經》。這是兩年來，我第五度受邀前往，每場講座皆座無虚席；馬來西亞人民的人情味與向道心，總鼓動我弘法度衆的願心。

「文協」作家訪問團一行，由郭嗣汾先生率領到佛光山訪問，並舉行文藝座談會，應他們的盛情邀約，我也班門弄斧地以「文藝與人生」爲題，作了專題演講。

徒衆將我多年來各處講演結集成的講演集，已發行到第三版了，由李仁玉小姐翻譯的韓文版，亦以《普通佛陀、普通衆生》一名問世。此外，佛光文化出版社出版的《佛光小叢書》，美國國會圖書館更專函「中央圖書館」索取，以供珍藏；《佛光山靈感録》、《佛光大藏經·長阿含經》也相續出版。除此之外，我亦囑咐佛光出版社全力護持華宇出版社發行《世界佛學名著譯叢》，而《覺世》旬刊創刊一千期，也在去年底舉辦「覺世與我」徵文特刊，以爲慶祝。

幾年來的努力，持續受到海内外的肯定，增强我們無比的信心與力量。像是在臺視每月播出一次我的佛學講座節目，三月，在三十多個廣播節目中，榮獲「行政院新聞局」頒發的「廣播電視社會建設金鐘獎」，評定爲第一名；臺視也從五月開始，每週一次播出我主講的《六祖壇經》。很欣慰佛教的媒體弘法，已受到社會人士的歡迎與肯定。

六月，「美國佛教青年總會」在洛杉磯成立，會上推選我爲理事長。此外，「中華漢藏文化協會」也在六月

所舉辦的觀音法會、念佛共修、彌陀佛七、金剛婦女法座會等活動，我也隨喜開示，欣見社會各界對佛法的渴求，我想只要是有利於大衆的，我都滿心歡喜的願與各地信徒結緣，爲他們講説佛法。

而宗教、友寺、朋友之間的往來，是最令人歡喜與感謝的，因爲朋友的來訪，總帶給我們無限的鼓勵祝福；藉由交流，佛教的發展也更爲增盛，更能福利社會大衆。像京都浄土宗系的大學校長水谷幸正先生蒞臨佛光山，對佛教大學在臺設立分校進行諮議，此舉可謂跨出中日佛教發展的第一步；與南傳比丘蘇曼那法師會談中，他表達將成立比丘尼教團的信心，我也樂觀其成。

「行政院副院長」林洋港先生，帶領自强活動團員四十餘人來山參訪各項文教設施；女作家組成的文友合唱團，在邱七七領隊下，來山訪問。還有，「中國鋼鐵公司」於麻竹園舉辦了國際鋼鐵學術會議，席間，他們邀請本山到澳洲建寺弘法之事，就等待因緣的成熟了。

十二月，在佛光山舉辦「世界顯密佛學會議」，集合了十九個國家和地區的佛教精英於一堂，包括日、韓、斯里蘭卡、馬來西亞、澳洲、瑞典等國家及香港等地學者專家三百餘人，以及來自美、加、尼泊爾、印度的喇嘛，他們分别代表藏傳佛教「黄、紅、白、花」宗派，共同蒞臨，討論佛教未來的發展，這是佛教界首次探討有關顯密融和問題的世界性學術會議。

會議結束，再移師臺北，於中山體育館舉行三天的「祈求世界和平顯密大法會」。感謝蔣經國先生、加拿大總理拜仁·墨朗尼先生均致賀電。也感謝高雄市蘇南成市長頒給我「高雄市市鑰」，讓我成爲高雄市榮譽市民。

除了國際交流、弘法講説，我仍心繫僧俗教育的提升，因此元月時，舉辦首届「信徒講習會」，接著又舉辦了四期，課程内容規劃爲「行」、「解」二門，希望大家除了發心修持、參與活動外，更能潛心於慧解門，充實自身的佛學素養。而爲了增進僧信二衆信仰傳承，去年舉辦的信徒會員大會，增加了衣鉢傳法大典，將臨濟

衣鉢分燈國際信衆，讓法統廣佈流傳。會上有世界各地信徒代表兩萬餘人齊聚一堂，頗有靈山勝會的盛況。

萬人盛會，固然有一時千載的難遭難遇，而個人真誠的邀請，也讓我感動。去年，收到屏東市七歲張琲昕小朋友的來信表示，和母親一同聽了我在高雄的講演，感到非常歡喜，期盼我能到她家裏應供。聞此真摯之語，從來不到信徒家裏應供的我，也樂於前往了。

從壽山佛學院到東方佛教學院，從東方佛教學院到「中國佛教研究院」，僧伽教育已邁入第二十三年了。其間，相繼成立臺北女子佛學院、彰化福山佛學院等，去年更成立英文佛學班；把中國佛教邁向國際化，應是今後開拓佛教弘法事業的當務之急。

我時常在外弘法講説，没有太多時間與學生、徒衆、信徒們相處，兩難之餘，只有把握機會，以文字接心。於是分别撰寫「給佛學院學生的一封信」、「給徒衆的一封信」、「給佛光人的信函」，期盼大家在做人、處世、爲學、修道上，都能應有正確的態度和觀念。

另外，教人欣喜的是，臺南慧慈幼稚園被臺南縣教育輔導團評鑒爲全縣第一名；五月中旬，佛光山普門中學與韓國東國大學附屬中學校締結爲姊妹校，今後兩校將加强相互的觀摩與交流。

文化方面，四月初，《覺世》旬刊自一〇一四期起，改版爲三十六開袖珍型書册，每十天發行四十萬份，且免費贈閲給本山信徒，聊表心意；由韓國李仁玉小姐翻譯的《星雲大師法語——一切衆生皆是佛陀》，承蒙韓國佛教新聞週刊的肯定，向全國讀者推薦爲佛教百册必讀的佛書之一；十月，《佛光山簡介》正式出刊，希望大衆能更瞭解佛光山。藏經的編輯目前也已略見成果，《佛光大藏經》「阿含藏」部分，已付梓的有《長阿含經》、《雜阿含經》及《中阿含經》，《增一阿含經》也可望在今年出版。《佛光大辭典》、《佛教史年表》已進入校定階段，相信出版後，對佛教又是一個劃時代的貢獻。

去年度的慈善工作仍積極落實：「韋恩」颱風造成的災情，我們積極響應捐款活動，以實際行動支持災民重建家園；佛光山慈悲基金會於年初，擴大舉行冬令賑濟活動，將救濟財物分送各貧户，並爲高雄縣貧病民衆做免費醫療服務；佛光山設立的醫療巡迴車更拓展服務地區，定期深入偏遠山區照顧貧病患者，施診醫療隊的永勝法師，則膺選爲去年「好人好事」代表。

此外，大慈育幼院由於環境衛生、設備完善、生活教育良好，獲得當局表揚，在五月臺灣省社會處假麻竹園舉辦「全省公私立育幼院觀摩研討會」上，被列爲全臺育幼院觀摩對象，蕭碧涼老師更榮獲臺灣省一九八六年度資深績優保育人員的表揚。

佛光山近二十年來，始終朝著文化、教育、慈善、共修四大方向，爲人們耕植心靈的福田。除了致力內在的净化，外在的硬體建設也是不遺餘力。經過六年的周折，六次公聽會、一百三十五次協調會議後，位於美國加州西來寺建築執照，終於獲得洛杉磯政府批准，於去年三月開工興建。在十二月舉行大雄寶殿的上樑典禮，未來它將是北美洲最大的中國傳統宫殿式佛教道場。西來寺是一座多元化弘法功能的殿堂，不僅是僧信二衆修行的道場，往後也將提供社區舉辦文化交誼活動，甚至國際會議、各項展覽、文教集會等活動。

北海道場第一期工程業已峻工，於年初開始啓用，未來亦將朝文教事業發展，並定期舉辦朝山及八關齋戒法會。爲了接引更多人學佛，分别於高雄前鎮和關島成立佈教所，提供當地人有一信仰之處。本山大慈庵寮房也在九月開工了，這是繼男衆大覺寺之後，興建的住衆寮區。希望所有女衆弟子無論在哪裏弘法，回來山上，都應回到大慈庵報到。

佛光山開山二十週年，也是《覺世》旬刊、慈愛幼稚園三十週年，普門中學創校十週年紀念。因此我們舉行一系列紀念活動，報告各位發心護持的成果。

佛光山上的一草一木、一樓一殿，都是大家一點一滴匯聚而成；佛光山的弘法事業，在大家護法護教的努力下，儼然在世界各地灑下了種子。未來，祈望全世界的佛光人，追求屬於自己生命的净土，也能開展成就他人的清净世界。尚此　順頌

法喜充滿

六時吉祥

星雲　合十

一九八七年元旦

一九八八年新春告白

各位護法、朋友們：大家好！

在奔波弘法之際，不知不覺我已邁入耳順之齡，佛光山也已開山二十年。一九八五年，我自佛光山宗長一職退位後，本以爲從此過著雲水三千的生活。不意，現在的我，出入不是機場就是高速公路，脚步不曾停駐，「空中飛人」、「車廂辦公」已變成我的生活寫照了。想想近五十年來的生活中，從未有稍歇的念頭，雖引退住持之位，也不過是一種傳承交棒。身爲衲僧，爲人師者，是不會退的。

去年年初，佛光山舉行五天的冬令賑濟自强活動。將冬令救濟擴大到屏東霧臺鄉、臺南北門鄉、嘉義竹圍區、彰化二林鎮等地，計有五縣十六個村鎮千餘户受惠。也捐助書籍給附近村落，並施予醫療義診。

爲慶祝開山二十週年，全山大衆及護法信徒，集思廣益舉辦了各種活動與法會，如春節爲期一個月的「平安燈花燈競賽」、「佛學院聯合畢業典禮」、「佛光文學奬、攝影奬」、「報恩慶生民俗技藝園遊會」等。在此殊勝因緣下，有三十三位青年發心出家，剃度典禮上，我以一偈：「慶生法會俱寶華，獅兒出家真堪詩；法王座下添新鋭，南北東西是一家」，期許他們未來都能成爲佛門龍象。

一系列活動中，佛光籃球隊在六福村劉俊卿教練領導下，以球會友，以球傳教。還有南北十多場巡迴佈教，有心定、慈惠、慈容、慈怡、依空等主講，各地政府機關紛紛讚嘆此舉具有慈善、社會教化的作用；巡迴義診隊由永勝帶領三輛醫護車及各地區醫師，前往偏遠地區環島施診。年底，信徒才藝及大慈庵會説話的九官鳥表演節目，不僅帶動另一波慶祝活動，義賣義演所得，更成爲今年三月前往泰北弘法賑濟施診的資金。

住持心平和尚在靈山勝境的素食品嚐會上，帶領百位出家衆共同製作百公尺長的壽司，以祝願佛光山法脈源遠流長。同時，慶祝普門中學創校十週年，以「更快、更高、更遠、更新、更美、更好」爲主題，舉辦一場「佛光人運動大會」。

爲了恪遵佛制，效法古德典範，發揚行脚參學、刻苦自勵的傳統精神，去年四月，佛光山派下徒衆及學生共一百零八位法師，以一個月的時間，從臺北走到高雄，完成六百公里的托鉢行脚。威儀、寧靜、整齊的行伍，真正「走出國家富强的道路，走出佛教興隆的道路，走出人間光明的道路，走出佛子正信的道路」。行脚僧們頭頂斗笠，日曬雨淋，脚底的水泡，破了又長，長了又破，翻越峻嶺，走過僻壤，只爲撒下粒粒菩提種子，偏弘佛法在紅塵世間。

感謝大衆的成就護持，沿途受到黨政機關、地方首長、佛教會、寺廟、學校、善男信女及各界人士的支持與贊助，圓滿這場殊勝的「行脚托鉢法會」，寫下臺灣佛教史上的新頁。所得善款，全數作爲成立「財團法人佛光山文教基金會」之用。

六十歲生日前，徒衆永全提出邀請全臺六十歲以上長者齊聚佛光山，一同慶祝「開山二十週年報恩慶生大法會」的建議。我一向不喜歡大家爲我個人而勞師動衆，但是看著那一千兩百位壽星，在本山徒衆的熱忱接待和精彩晚會的熱烈祝福下，各個滿心歡喜的表情，好似這天也是他們一生中最光榮、最快樂的日子。讓我感覺，這世間不只是我一個人的，於是收起「母親在，不可言壽」的個人觀念，隨緣隨喜的參與這場「以天下父母爲我父母，以天下長者爲我兄弟姊妹」的活動了。

前年，爲紀念大仙寺第九代祖師開參法師圓寂十一週年，我帶領佛光山職事、佛學院男女衆學部同學前往參加，也親自主持精進佛七。大仙寺有三百多位住衆，常住規定做苦工十五年後，纔可換得一間寮房。想到佛光山的人衆，開山二十年來，在繁忙的弘法事業和寺務發展上，不辭辛勞，對常住從未有任何的要求。而今大

慈庵竣工，終於能給大家一個安住的空間來安心辦道。不管是男衆的大覺寺或女衆的大慈庵，大家要精神相依、思想一致，清淨、平等、和樂的安住於道業上。

十月，佛教界諸山長老、大德、信徒們雲集高雄棲霞精舍，爲禪宗臨濟宗法脈第四十七代傳人月基老和尚荼毘獻供大典致哀。典禮莊嚴隆重，佛光山百餘位出家衆迎請默如長老主法，並由我簡報月基老和尚的一生行誼及致謝辭。

去年七月，佛光山澎湖海天佛刹舉行佛像開光典禮，此寺不僅是當地最大的寺院，也爲在地信徒提供一處心靈的加油站。爲了方便來山大衆，在民衆圖書館設立「輪椅代步服務中心」，而「信徒服務中心」、「會員服務中心」，也正式啓用了。

佛光山走向國際化的過程實屬千辛萬難，尤其，美國西來寺建寺經歷種種考驗。不過，西來寺尚未完成使用，海內外許多團體與宗教人士卻已聞風，紛紛前來參觀這一座美洲首座具有傳統中國宮殿式的寺院。去年，有香港鹿野苑退居和尚、棲霞山諸位長老及日本淨土真宗佛教團體八十餘人、美國衆議員梅羅馬丁先生等前來普照，加州州務卿余江月桂女士也多次前來關心西來寺工程。

回顧去年的宗教交流，二月，在臺北天主教總主教公署舉行，羅光主教主持的「八大宗教聯誼會」，有來自各教界的領導人物共聚一堂，討論宗教間的各項議題，我也應邀向大家報告「世界佛教顯密二宗佛學會議的經過與結果」。我想，各宗教的教義雖有不同，但追求真善美，促進人生幸福的目標應是相同的。還有，我與中國佛教協會會長趙樸初，首度於泰國曼谷相會，對於兩岸佛教的交流和人心對宗教的渴望，都有著深切的期盼和期許，但也只有隨緣了。

此外，應馬佛總主席金明法師暨新加坡佛教界之邀，我率領二十人的訪問團，前往星馬等地弘法訪問。在馬來西亞佛教青年總會邀約下，也參加在檳城舉行的「南北大師喜相會」講座會，與代表南傳佛教的達摩難陀法師共論教義，透過這個因緣，讓更多人深入瞭解南北傳佛教。十一月，應世界佛教徒友誼會、世界佛教青年會的邀請，前往泰國講述「從臺灣的現狀說到未來佛教的希望在那裏」。

去年也有多位教界、友教人士來山，像泰國高僧朝禮團僧王秘書長索彭長老及各住持法師等二十六人、泰國青年會居士三十二人、尼泊爾皇室顧問洛克達桑先生率領「尼泊爾比丘尼訪問團」、摩訶菩提協會總秘書長錫蘭沙拉比丘、馬來西亞吉韋佛教會一行三十人，以及日本九州大谷大學佛教學科二十位學生分別蒞山訪問，相信透過友誼往來，對未來宗教發展、彼此融和是有助益的。

年初，「中華日報」首創佛教副刊，我爲其命名爲「無盡燈」。想起在學生時代，便歡喜閱讀副刊，也撰文投稿；近幾年，舉辦多次文藝作家會議，與瘂弦、王藍、司馬中原、郭嗣汾、劉枋、應未遲等人，都有交流往來。去年七月，爲慶祝開山二十週年，更舉辦首屆「佛光文學創作獎」評審會，由詩人余光中、聯合報副刊總主編瘂弦先生等擔任評審。

爲弘揚佛教文化的思想與精神，成立「佛光山世界佛學研究中心」；六月，《佛教史年表》和《佛光大藏經·增一阿含》四冊出版付梓。徒衆將我講説内容集成的《講演集》第三集已出版，我在臺灣電視公司所講的禪宗公案典故，也編輯成《星雲禪話》一、二、三集出版發行。

佛光山以文教起家，我期許所有出版品都能「從出世到入世，從教内到教外，從艱深到淺白」，讓普羅大衆都能汲取甘露法味。

去年元月，臺北女子佛學院由臺北松江路遷至石門鄉北海道場，讓學生有了一處專心修學的地方。新竹無量壽圖書館也舉辦第一期夜間佛學院；在幼稚教育方面，舉行「佛光山幼稚教育發展中心聯合佛學講習會」；

佛光山叢林學院各級學部，舉辦爲期十天的「聯合講習會」。舉辦這些講習課程，是希望大家有更多機會進修研習，相互交流，凝聚共識，一同爲個人道業與佛教弘揚而努力。

在外求學的徒衆，也頻傳佳績，爲教争光。如：依法通過托福考試，前往夏威夷大學攻讀哲學博士班；印度留學的依華，在國際大學比較宗教學碩士班，以甲等取得第一名結業成績；「中國文化大學」華岡研究所的永明，以全班第一名的成績，獲得「教育部」研究生獎學金；慧開獲得「全臺優秀青年代表」。祈盼佛光子弟們，都能互相砥礪，體恤常住栽培的苦心，在學業上努力精進。

去年，依然南北奔走，在高雄普賢寺宣講《六祖法寶壇經》；在臺東巖灣監獄講「如何安住身心」、臺南六甲監獄講「講心」，也應邀前往緑島和「國防部」監獄講「命運」、鳳山「海軍」明德班講「人的五大毛病」。想起自一九五三年至宜蘭弘法開始，就不斷地前往監獄弘法，因爲我相信，唯有佛法能解救人心，讓人獲得身心上的安頓。從最初被拒絕到現在的主動邀請，已過數十年的歲月，而我也幾乎走徧全臺的監獄了。

無論科技文明如何演進，「宗教」始終是人性永恒的追求，尤其佛法更是人心所需。相信未來的佛教事業、佛法的弘傳，會在這多變的時代環境裏，走出更寬大、更多元的領域；佛法的宏觀，必能深遠影響人心，利益大衆，讓我們齊心努力！祈願

國家平安興隆

大家吉祥如意

星雲 合十

一九八八年元月一日

一九八九年新春告白

各位護法、朋友們：萬事吉祥，新春如意！

時光飛快，一年又過。猶記去年年初基隆極樂寺在重建時，發生工寮倒塌事件，幸而大眾同心齊力，終於平安無事。想起佛光山開山至今，工程上遇到的困難，不知凡幾，像放生池就倒塌了三次，叢林學院的邊坡、大佛城，也曾發生土石流，都是靠著全山大眾、學生冒險患難，鍥而不捨地與大自然風雨搏鬥，始能克服挫折，完成建設。

就在剛放下極樂寺的工程事件，接著舉行冬令賑濟的同時，傳來蔣經國先生的辭世消息，實令人傷感。蔣經國先生對推動臺灣民主改革有極大的貢獻，他也幾度造訪佛光山，肯定佛教對人心的貢獻。這天，住持心平和尚率領全山大眾誦經祭悼，聊表對蔣經國先生的哀思。

去年，在臺灣救災總會谷正綱、楊龍章先生、泰北救總工作團龔承業團長多方協助，以及臺視公司周志敏小姐、慈容法師的策畫安排下，「佛光山泰北弘法義診團」在三月成行。除了本山出家眾外，還有醫生、護士、新聞記者、護法居士等一行五十八人。前後十天，我們走訪了萬養、金三角、熱水塘、唐窩、美斯樂、密爾、滿星疊、帕當等二十個難民村。

在那裏，民眾的生活、物資、教育、經濟等各方面都相當貧乏。尤其，他們離鄉背景，沒有居留權，吃不飽、睡不好，一過就是二十年。他們說，沒有飯吃還不打緊，沒有佛法，精神上沒有依靠，纔是最大的苦難。看到他們那種對宗教的渴求、對信仰的認真，聞言不禁令人鼻酸。為此，除了隨團醫師、護士的義診外，我親自主持了觀音寺的開光，也舉行皈依典禮。希望佛法為他們帶來甘露，使其身心都能獲得安頓。

幾個不眠的夜晚，我踱步在靜寂的泰北山區，不斷思忖如何滿足廣大眾生對佛法的渴求，舉辦弘法大會的構想，逐漸在我心中成形。幾經策畫、設計，終於在去年九月，於臺北林口體育館、彰化縣立體育館、高雄中正體育場三地，分別舉行「回歸佛陀時代弘法大會」。透過迎佛、禪坐、念佛、梵唄唱誦、上燈供佛、說法開示、萬人皈依等，將佛陀請到現代的人間。

一時之間，彷佛靈山再現，讓現代人也能在佛陀的法音中，感受佛法的慈悲、法治、無諍、喜悅、無欲、平等，眾生心與佛心一同跳躍，與法相應，與佛相契。這個活動，造成十餘萬人與會的盛況，顯示佛教正以一種積極、具時代性的形象走向社會。

在林口體育館時，為了響應佛光山與臺視愛心節目製作周志敏小姐發起的器官捐贈運動，我將自己和徒眾等四十多份器官捐贈志願書，交給長庚醫院張昭雄院長，藉此拋磚引玉，祈願大家也把生命升華、延續，將慈悲散播人間，效法佛陀「捨身飼虎，割肉餵鷹」的大悲精神。

四月時，我率領「佛教金門前綫弘法團」五十人，至金門戰地弘法。期間，我們參觀了古寧頭金門戰史館、陶瓷廠、馬山觀測所，也訪問了花崗石醫院、金剛寺、海印寺，並假李光前將軍廟舉行一場顯密聯合法會。我也在擎天廳，以「從佛教的禪定談處變不驚莊敬自強」一題作講演。

去年，本山舉辦了臺灣佛教史上首見的「短期出家結夏安居修道會」，為忙碌的在家學佛者，提供一個體驗僧團生活的因緣。本來預計數百人參加，未料竟達八千人報名，囿於場地與活動品質，兩相為難下，只有錄取千餘名，分三梯次舉行，表示「佛陀座下千二百五十人俱」的意義。

此外，針對不同對象舉辦的「教師佛學夏令營」、「兒童夏令營」、「信徒講習會」，以及「中央日報」主辦，佛光山協辦的「大專禪學研習營」等課程，都為惶惶於生活的現代人，提供了安頓身心、學習佛法的好因

好緣。

在工程建設方面，去年三月，在信徒大會之日，舉行了本山金、玉佛樓奠基典禮。這兩棟大樓將規畫爲四衆弟子專心念佛、參禪，鑽研法義的場所，並提供信衆住宿之用。爲此，我寫下一偈：「金佛玉佛兩座樓，法堂戒壇中央坐。四衆弟子齊破土，佛光普照寰宇周。」期盼建成後，能充分發揮功能，成就衆生的法身慧命。

佛光緣文物展覽館於三月八日動工，而「財團法人佛光山文教基金會」，在三月獲「教育部」許可設立，六月經高雄地方法院公告，取得「法人登記證書」，由慈惠法師擔任執行長。經過十年策畫與興建的西來寺，也終於竣工了，它是北美洲最大的中國式寺院，不僅是一座道場，更是中西文化融和、交流的處所。在七月佛像開光後，也於十一月舉行落成典禮了。

感謝美國前後兩任總統雷根及布希先生，都各派代表致賀，加州麥卡錫副州長、洛杉磯市布萊德市長、美國衆議員馬丁尼斯先生均親臨致賀；北美事務協調會陳錫藩處長，及洛杉磯市議員胡紹基先生、前蒙特利公園市長陳李琬若女士、加州參議員威廉蓋博、阿罕布拉市長博克先生、「中華生命綫」創始人曹仲植先生、作家陸鏗先生、統一企業負責人高清願先生等人，也都前來參加盛會。

逢此盛會，西來寺同時傳授三壇大戒暨在家五戒菩薩戒。此次戒會甚爲稀有，有來自南北傳的三師十二尊證大和尚，戒子則來自尼泊爾、斯里蘭卡、緬甸、美、法、英、韓、新、馬等十四個國家及臺灣等地區。這是美洲地區首見的漢傳三壇大戒戒會，不但打破地域的限制，更增進了南北傳佛教的交流。當中啓建的萬緣水陸法會，也是美洲大陸首見的。

第十六屆「世界佛教徒友誼會暨第七屆世界佛教青年會」也走出了亞洲，首次在西半球舉行，共有八十四個佛教團體，二十三個國家和地區，五百餘人參與盛會。令人歡喜的是，中國佛教協會代表團、「中國佛教會」代表團、「中華佛教居士會」代表團同時出席大會，氣氛和諧友好，首開兩岸中斷多年的交流，爲佛教融和的遠景揭開了序幕。

大會中，我揭櫫和平團結之義，提出「以無我觀致力和平，以慈悲行實踐和平，以尊重心謀求和平，以平等心進取和平」，以及「容納異己纔能團結，分工合作纔能團結，充實力量纔能團結，犧牲奉獻纔能團結」等幾點意見，祈願爲擾攘的世間提供一點方向，以佛教包容、平等的精神，共同創造一個和諧無諍的世界。

在這一年當中，有許多團體相繼訪問佛光山，如重慶飯店調理部長黃村寶先生，帶領日本同業專程來山研究素食料理；「監察院長」黃尊秋先生率副院長、監察委員等人來山；「省主席」邱創煥先生率各縣市正副「議長」一行人上山禮佛祈福，並舉行自強活動；菲律賓十三頻道電視臺 Travel Time 節目製作小組，上山採訪並錄影；錫蘭比丘 Ven Pemaloka 率國家電視製作人，採訪有關南北傳問題及西來寺落成等事，並拍攝成專輯；印尼蘇北記者訪華團，也上山瞭解文化、教育等事業；「新聞局」委托製作的公共電視節目「廟會」，特別以佛誕節爲主題介紹佛光山；日臺佛教文化交流協會，由團長平川彰博士率領，抵臺參觀訪問，首站即直奔佛光山。

另外，「經濟部」專業人員研究中心來賓三十八人、中南美洲九個國家各級政府首長、日本國良商式株式會、韓國真言宗、韓國東國大學學生比丘、美國國會參議員高爾先生及加州副州長麥卡錫夫婦等一行十八人、美國加州州務卿余江月桂伉儷等，都相繼來佛光山訪問。彼此學習、交換意見下，實豐富了佛教的歷史。

在培養人才方面，十月，佛光山派下各幼稚園負責人講習會於普門寺召開，主要是針對各幼稚園園長、負責人的再職進修。相繼也辦有「財務講習會」、「職事講習會」等，都是爲了培養各種專業人才，及開發徒衆潛

力，不斷自我進修而舉辦的。

文化方面，由慈莊、慈惠、慈容、慈嘉、慈怡、依嚴、依空、依淳、達和法師等九位編修委員，慈怡法師主編，永明、覺明法師等百餘人共同編輯，歷經十年編纂的《佛光大辭典》終於出版了，這是佛教史上第一部以白話文撰寫的佛教大辭典，他們的成就，可以說提高了比丘尼的地位。

長久以來，佛光山一直致力於電視弘法，去年更成立「電視中心」，突破了文字局限，向有聲文化領域再邁進。佛法是真理、是慧命，文化的生命跨越時空，無有阻隔，因此身爲弘法者，將「佛法傳徧三千界內，真理普揚萬億國中」，更是終身的使命。

佛教有八萬四千法門，都是爲了廣度衆生而設，除了舉辦活動、會議，宣揚佛法外，佛學講座更直接予人聞法的因緣。去年，一個月的「春季佛學講座」，我與慈惠、慈容、心定、依空等人，分別在全臺各大鄉鎮講了三十餘場。後應香港法住學會霍韜晦教授之邀，講説《心經》；應南部信衆之邀，到屏東佈教所、旗山佈教所開示學佛法要；在板橋文化中心講了「禪是生活的一朵花」、爲「中國鋼鐵公司」講説「生命的喜悅」、於臺南市文化中心演藝廳講「禪與生活」。又應臺灣醫學生聯合會、臺灣大學醫學系系學會合辦「器官移植研習營」之邀，與大家座談。至於海內外各別分院所舉辦的佛學講座，更是不計其數了。

此外，也有許多令人欣喜的「美事」：錫蘭國立斯坎那地大學佛學研究所，首開大乘佛學，佛光山將推薦學者前往授課，這是南傳國家首次接受大乘佛教及開設大乘佛學課程，並特選佛光山作爲南北傳佛教交流的道場。「教育部」評鑑普門中學爲私立學校典範，佛光山榮獲高雄縣七十六年度寺廟教會興辦公益慈善事業及推行文化建設績優表揚；臺南慈航托兒所評鑑績優，獲省府表揚。

時光如水，白駒過隙，世間正因有種種困難、挫折、無常，而顯得生命的寶貴、歲月的美好。全新一年的開始，祈願未來前進的脚步更爲穩定、踏實，讓人間歡喜無盡，人人獲福無量。耑此　順頌

祥和歡喜

身心安泰

星雲　合十

一九八九年元月一日